Reliure serrée

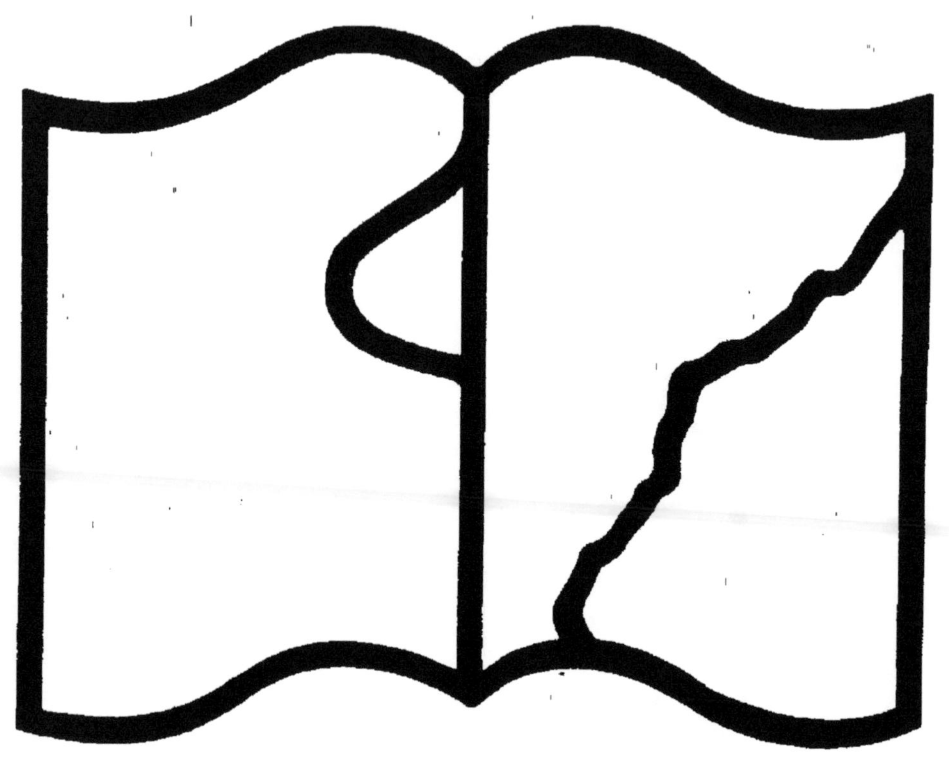

Texte détérioré — reliure défectueuse

NF Z 43-120-11

QUESTIONS

SUR

L'ENCYCLOPÉDIE,

PAR

DES AMATEURS.

HUITIEME PARTIE.

M. DCC. LXXI.

QUESTIONS
SUR
L'ENCYCLOPEDIE.

LOIX ; ESPRIT DES LOIX.

IL eût été à désirer que de tous les livres faits sur les loix par *Bodin*, *Hobbes*, *Grotius*, *Puffendorf* ; *Montesquieu*, *Barbeirac*, *Burlamaqui*, il en eût résulté quelque loi utile, adoptée dans tous les tribunaux de l'Europe, soit sur les successions, soit sur les contrats, sur les finances, sur les délits, &c. Mais ni les citations de *Grotius*, ni celles de *Puffendorf*, ni celles de l'*Esprit des loix*, n'ont jamais produit une sentence du châtelet de Paris, ou de l'*old baili* de Londres. On s'appesantit avec *Grotius*, on passe quelques momens agréablement avec *Mon-*

tesquieu; & si on a un procès, on court chez son avocat.

On a dit que la lettre tuait & que l'esprit vivifiait; mais dans le livre de *Montesquieu* l'esprit égare, & la lettre n'apprend rien.

DES CITATIONS FAUSSES DANS L'ESPRIT DES LOIX, DES CONSÉQUENCES FAUSSES QUE L'AUTEUR EN TIRE, ET DE PLUSIEURS ERREURS QU'IL EST IMPORTANT DE DÉCOUVRIR.

Nous avons déja vu que *Montesquieu* fait dire à l'auteur du prétendu Testament du cardinal de Richelieu, que *si dans le peuple il se trouve quelque malheureux honnête homme, il ne faut pas s'en servir.* Ce testament dit précisément tout le contraire.

Il impute à *Plutarque* d'avoir dit, qu'il n'y a de respectable en amour que la sodomie, & que les femmes sont indignes de l'attachement d'un honnète homme. *Plutarque* au contraire déteste la sodomie, & dit positivement que les femmes seules méritent nos hommages.

Il cite Denis d'Halicarnasse qui dit, que selon Isocrate, *Solon ordonna qu'on choisirait les juges dans les quatre classes des Athéniens.*

Denis d'Halicarnasse n'en a pas dit un seul mot; voici ses paroles, *Isocrate, dans sa ha-*

rangue, rapporte que Solon & Clistène n'avaient donné aucune puissance aux scélérats, mais aux gens de bien. Qu'importe d'ailleurs ce qu'Isocrate a pu dire dans une déclamation ?

A Gènes la banque de St. George est gouvernée par le peuple, ce qui lui donne une grande influence. Cette banque est gouvernée par six classes de nobles appellées *magistratures.*

On sait que la mer qui semble vouloir couvrir la terre, est arrêtée par les moindres herbes & par les moindres graviers.

On ne sait point cela ; on sait que la mer est arrêtée par les loix de la gravitation, qui ne sont ni gravier ni herbe.

Les Anglais, pour favoriser la liberté, ont ôté toutes les puissances intermédiaires qui formaient leur monarchie.

Au contraire, ils ont établi la chambre des communes qui est la puissance intermédiaire.

L'établissement d'un visir est dans un état despotique une loi fondamentale.

Un critique judicieux a remarqué que c'est comme si on disait que l'office des maires du palais était une loi fondamentale. *Constantin* était plus que despotique, & n'eut point de grand-visir. *Louïs XIV* était un peu despotique, & n'eut point de premier ministre. Les papes sont assez despotiques, & en ont rarement. Il n'y en a point dans la Chine, que l'auteur regarde comme un empire despotique. Il n'y en eut point chez le czar *Pierre I*, & personne ne fut plus despotique que lui. Le Turc *Amurat II* n'avait point de grand-visir. *Gengis-Kan* n'en eut jamais.

La vénalité des charges est bonne dans les états monarchiques, parce qu'elle fait faire comme un métier de famille, ce qu'on ne voudrait pas entreprendre pour la vertu.

Est-ce Montesquieu qui a écrit ces lignes honteuses ? quoi ! parce que les folies de *François I* avaient dérangé ses finances, il falait qu'il vendît à de jeunes ignorans le droit de décider de la fortune, de l'honneur & de la vie des hommes ! quoi ! cet opprobre devient *bon* dans la monarchie ? & la place de magistrat devient un métier de famille ? Si cette infamie était si bonne, elle aurait au moins été adoptée par quelque autre monarchie que la France. Il n'y a pas un seul état sur la terre qui ait osé se couvrir d'un tel opprobre. Ce monstre est né de la prodigalité d'un roi devenu indigent, & de la vanité de quelques bourgeois dont les pères avaient de l'argent. On a toûjours attaqué cet infame abus par des cris impuissans, parce qu'il eût falu rembourser les offices qu'on avait vendus. Il eût mieux valu mille fois, dit un grand jurisconsulte, vendre le trésor de tous les couvens & l'argenterie de toutes les églises, que de vendre la justice. Lorsque *François I* prit la grille d'argent de St. Martin, il ne fit tort à personne; *St. Martin* ne se plaignit point; il se passe très bien de sa grille; mais vendre la place de juge, & faire jurer à ce juge qu'il ne l'a pas achetée, c'est une bassesse sacrilège.

Plaignons *Montesquieu* d'avoir deshonoré son ouvrage par de tels paradoxes. Mais pardonnons-lui. Son oncle avait acheté une charge de président en province, & il la lui laissa. On retrouve l'homme partout. Nul de nous n'est sans faiblesse.

Pour les vertus, Aristote ne peut croire qu'il y en ait de propre aux esclaves.

Aristote dit en termes exprès, *Il faut qu'ils ayent les vertus nécessaires à leur état, la tempérance & la vigilance.* De la républiq. liv. I. chap. XIII.

Je trouve dans Strabon, que quand à Lacédémone une sœur épousait son frère, elle avait pour sa dot la moitié de la portion de son frère.

Strabon parle ici des Crétois, & non des Lacédémoniens.

Il fait dire à Xénophon, *que dans Athènes un homme riche serait au désespoir qu'on crût qu'il dependît du magistrat.*

Xénophon en cet endroit ne parle point d'Athènes. Voici ſes paroles ; *Dans les autres villes, les puiſſans ne veulent pas qu'on les ſoupçonne de craindre les magiſtrats.*

Les loix de Veniſe défendent aux nobles le commerce.

Voyez l'Hiſtoire de Veniſe par le noble *Peruta.*

„ Les anciens fondateurs de notre répu-
„ blique, & nos légiſlateurs, eurent grand
„ ſoin de nous exercer dans les voyages & le
„ trafic de mer. La première nobleſſe avait
„ coutume de naviger, ſoit pour exercer le
„ commerce, ſoit pour s'inſtruire. "

Sagredo dit la même choſe.

Les mœurs & non les loix font qu'aujourd'hui les nobles en Angleterre & à Veniſe ne s'adonnent preſque point au commerce.

Voyez avec quelle induſtrie le gouvernement Moſcovite cherche à ſortir du deſpotiſme, &c.

Eſt-ce en aboliſſant le patriarcat & la milice entière des ſtrelits, en étant le maître abſolu des troupes, des finances & de l'égliſe, dont les deſſervans ne ſont payés que du tréſor impérial ; & enfin en feſant des loix qui rendent cette puiſſance auſſi ſacrée que forte ? Il eſt triſte que dans tant de citations & dans tant d'axiomes, le contraire de ce que dit l'auteur ſoit preſque toûjours le vrai.

Quelques lecteurs inſtruits s'en ſont apperçus. Les autres ſe ſont laiſſés éblouir, & on dira pourquoi.

Le luxe de ceux qui n'auront que le néceſſaire ſera égal à zéro. Celui qui aura le double du néceſſaire aura un luxe égal à un. Celui qui aura le double de ce dernier aura un luxe égal à trois, &c.

Il aura trois au delà du néceſſaire de l'autre, mais il ne s'enſuit pas qu'il ait trois de luxe ; car il peut avoir trois d'avarice ; il peut mettre ce trois dans le commerce ; il peut le faire valoir pour marier ſes filles. Il ne faut pas ſoumettre de telles propoſitions à l'arithmétique : c'eſt une charlatanerie.

A Veniſe, les loix forcent les nobles à la modeſtie ; ils ſont tellement accoutumés à l'épargne, qu'il n'y a que les courtiſannes qui puiſſent les forcer à donner de l'argent.

Quoi ! l'eſprit des loix à Veniſe ſerait de ne dépenſer qu'en filles ! Quand Athènes fut riche, il y eut beaucoup de courtiſannes. Il en fut de même à Veniſe & à Rome, aux quatorze, quinze & ſeiziéme ſiécles. Elles y ſont moins en crédit aujourd'hui, parce qu'il y a moins d'argent. Eſt-ce là l'eſprit des loix ?

Les Suions, nation germanique, rendent honneur aux richeſſes, ce qui fait qu'ils vivent ſous le gouvernement d'un ſeul. Cela ſignifie bien que le luxe eſt ſingulièrement propre aux monarchies, & qu'il n'y faut point de loix ſomptuaires.

Les Suions, ſelon Tacite, étaient des habitans d'une iſle de l'Océan au delà de la Germanie. *Suionum hinc civitates in ipſo Oceano.* Guerriers valeureux & bien armés, ils ont encor des flottes. *Præter viros armaque claſſibus valent.* Les riches y ſont conſidérés. *Eſt & opibus honos.* Ils n'ont qu'un chef; *eoque unus imperitat.*

Ces barbares que Tacite ne connaiſſait point, qui dans leur petit pays n'avaient qu'un ſeul chef, & qui préféraient le poſſeſſeur de cinquante vaches à celui qui n'en avait que douze, ont-ils le moindre rapport avec nos monarchies & nos loix ſomptuaires?

Les Samnites avaient une belle coutume, & qui devait produire d'admirables effets. Le jeune homme déclaré le meilleur, prenait pour ſa femme la fille qu'il voulait. Celui qui avait les ſuffrages après lui choiſiſſait encor, & ainſi de ſuite.

L'auteur a pris les Sunites, peuple de Scythie, pour les Samnites voiſins de Rome. Il cite *Nicolas* de Damas, qui cite *Stobée*. Et on ſait d'ailleurs que *Stobée* n'eſt pas un bon garant. Cette belle coutume d'ailleurs ſerait très préjudiciable dans tout état policé. Car si le garçon déclaré le meilleur avait trompé les juges, si la fille ne voulait pas de lui, s'il n'avait pas de bien, s'il déplaisait au père & à la mère, que d'inconvéniens & que de suites funestes !

Si on veut lire l'admirable ouvrage de Tacite sur les mœurs des Germains, on verra que c'est d'eux que les Anglais ont tiré l'idée de leur gouvernement politique. Ce beau systême a été trouvé dans les bois.

La chambre des pairs & celle des communes, la cour d'équité trouvées dans les bois ! on ne l'aurait pas deviné. Sans doute les Anglais doivent aussi leurs escadres & leur commerce aux mœurs des Germains ; & les sermons de *Tillotson* à ces pieuses sorcières Germaines qui sacrifiaient les prisonniers, & qui jugeaient du succès d'une campagne par la manière dont leur sang coulait. Il faut croire aussi qu'ils doivent leurs belles manufactures à la louable coutume des Germains qui aimaient mieux vivre de rapine que de travailler, comme le dit Tacite.

Aristote met au rang des monarchies l'empire des Perses & Lacédémone. Mais, qui ne voit que l'une était un état despotique, & l'autre une république ?

Qui ne voit au contraire, pour peu qu'on

ait lu, que Lacédémone eut un seul roi pendant quatre cent ans, ensuite deux rois jusqu'à l'extinction de la race des *Héraclides*, ce qui fait un période d'environ mille années? L'auteur ne se trompe ici que de dix siécles.

La stérilité de l'Attique y établit le gouvernement populaire, & la fertilité de Lacédémone l'aristocratique.

Où a-t il pris cette chimère? Nous tirons encor aujourd'hui d'Athènes esclave, du coton, de la soye, du ris, du bled, de l'huile, des cuirs; & du pays de Lacédémone rien.

Un ancien usage des Romains défendait de faire mourir les filles qui n'étaient pas nubiles.

Il se trompe, *More tradito nefas virgines strangulari.* Défense d'étrangler les filles, nubiles ou non.

Tibère trouva l'expédient de les faire violer par le bourreau.

Tibère n'ordonna point au bourreau de violer la fille de *Séjan*. Et s'il est vrai que le bourreau de Rome ait commis cette infamie dans la prison, il n'est nullement prouvé que ce fût sur une lettre de cachet de *Tibère*. Quel besoin avait-il d'une telle horreur?

En Suisse on ne paye point de tributs; mais on en sait la raison particulière. Dans ces montagnes stériles, les vivres sont si chers & le pays si peuplé, qu'un Suisse paye quatre fois plus à la nature qu'un Turc ne paye au sultan.

Tout cela est faux. Il n'y a aucun impôt en Suisse; mais chacun paye les dixmes, les censes, les laods & ventes qu'on payait aux ducs de *Zéringue* & aux moines. Les montagnes, excepté les glacières, sont très fertiles; elles sont la richesse du pays. La viande de boucherie est la moitié moins chère qu'à Paris. On ne sait ce que l'auteur entend quand il dit qu'un Suisse paye quatre fois plus à la nature qu'un Turc au sultan. Il peut boire quatre fois plus qu'un Turc; car il a d'excellent vin de la Côte, & le vin de la Vaux.

Les peuples des pays chauds sont timides comme les vieillards, ceux des pays froids sont courageux comme les jeunes gens.

Il faut bien se garder de laisser échapper de ces propositions générales. Jamais on n'a pu faire aller à la guerre un Lappon, un Samoyède : & les Arabes conquirent en quatre-vingt ans plus de pays que n'en possédait l'empire Romain. Les Espagnols en petit nombre battirent à la bataille de Mulberg les soldats du nord de l'Allemagne. Cet axiome de l'auteur est aussi faux que tous ceux du climat. Voyez *Climat*.

Lopez de Gama avoue que le droit ſur lequel les Eſpagnols ont fondé l'eſclavage des Américains, eſt qu'ils trouvèrent près de Ste. Marthe des paniers où les habitans avaient mis quelques denrées, comme des cancres, des limaçons, des ſauterelles. Les vainqueurs en firent un crime aux vaincus, outre qu'ils fumaient du tabac, & qu'ils ne ſe feſaient pas la barbe à l'eſpagnole.

Il n'y a rien dans Lopez de Gama qui donne la moindre idée de cette ſottiſe. Il eſt trop ridicule d'inſérer dans un ouvrage ſérieux de pareils traits, qui ne feraient pas ſupportables même dans les *Lettres perſanes.*

C'eſt ſur l'idée de la religion que les Eſpagnols fondèrent le droit de rendre tant de peuples eſclaves, car ces brigands qui voulaient abſolument être brigands & chrétiens, étaient fort dévots.

Ce n'eſt donc pas ſur ce que les Américains ne ſe feſaient pas la barbe à l'eſpagnole & qu'ils fumaient du tabac; ce n'eſt donc pas parce qu'ils avaient quelques paniers de colimaçons & de ſauterelles.

Ces contradictions fréquentes coûtent trop peu à l'auteur.

Louïs XIII ſe fit une peine extrême de la loi qui rendait eſclaves les nègres de ſes colo-

ties ; mais quand on lui eut bien mis dans l'esprit que c'était la voie la plus sûre de les convertir, il y consentit.

Où l'imagination de l'auteur a-t-elle pris cette anecdote ? La première concession pour la traite des nègres est du 11 Novembre 1673. *Louïs XIII* était mort en 1643. Cela ressemble au refus de *François I* d'écouter *Christophe Colomb* qui avait découvert les isles Antilles avant que *François I* nâquit.

Perry dit que les Moscovites se vendent très aisément. J'en sais bien la raison, c'est que leur liberté ne vaut rien.

Nous avons déja remarqué à l'article *Esclavage*, que Perry ne dit pas un mot de tout ce que l'auteur de l'*Esprit des loix* lui fait dire.

C'est à Achem que tout le monde cherche à se vendre.

Nous avons remarqué encor que rien n'est plus faux. Tous ces exemples pris au hazard chez les peuples d'Achem, de Bantam, de Ceylan, de Borneo, des isles Moluques, des Philippines, tous copiés d'après des voyageurs très mal instruits, & tous falsifiés, sans en excepter un seul, ne devaient pas entrer assurément dans un livre où l'on promet de nous développer les loix de l'Europe.

Dans les états mahométans, on est non-seulement maître de la vie & des biens des femmes esclaves, mais encor de ce qu'on appelle leur vertu & leur honneur.

Où a-t-il pris cette étrange assertion qui est de la plus grande fausseté? Le sura, ou chapitre XXIV de l'Alcoran, intitulé *la Lumière*, dit expressément, *Traitez bien vos esclaves, & si vous voyez en eux quelque mérite, partagez avec eux les richesses que* DIEU *vous a données. Ne forcez pas vos femmes esclaves à se prostituer à vous, &c.*

A Constantinople, on punit de mort le maître qui a tué son esclave, à moins qu'il ne soit prouvé que l'esclave a levé la main sur lui. Une femme esclave qui prouve que son maître l'a violée, est déclarée libre avec des dédommagemens.

A Patane, la lubricité des femmes est si grande, que les hommes sont obligés de se faire certaines garnitures pour se mettre à l'abri de leurs entreprises.

Peut-on rapporter sérieusement cette impertinente extravagance? quel est l'homme qui ne pourait se défendre des assauts d'une femme débauchée sans s'armer d'un cadenat? quelle pitié! & remarquez que le voyageur nommé *Sprinkel*, qui seul a fait ce conte absurde, dit en propres mots, *Que les maris à Patane sont extrêmement jaloux de leurs femmes, & qu'ils ne permettent pas à leurs meilleurs amis de les voir, elles ni leurs filles.*

Quel esprit des loix, que de grands garçons qui cadenassent leurs hauts-de chausses, de peur que les femmes ne viennent y fouiller dans la rue!

Les Carthaginois, au rapport de Diodore, trouvèrent tant d'argent dans les Pyrénées, qu'ils en forgèrent les ancres de leurs vaisseaux.

L'auteur cite le sixiéme livre de Diodore, & ce sixiéme livre n'existe pas. Diodore au cinquiéme parle des Phéniciens, & non pas des Carthaginois.

On n'a jamais remarqué de jalousie aux Romains sur le commerce. Ce fut comme nation rivale, & non comme commerçante, qu'ils attaquèrent Carthage.

Ce fut comme nation commerçante & guerrière, comme le prouve le savant *Huet* dans son traité sur le commerce des anciens. Il prouve que longtems avant la première guerre punique les Romains s'étaient adonnés au commerce.

On voit dans le traité qui finit la première guerre punique, que Carthage fit principalement attention à garder l'empire de la mer, & Rome celui de la terre.

Ce traité est de l'an 510 de Rome. Il y est

dit que les Carthaginois ne pouraient naviger vers aucune isle près de l'Italie, & qu'ils évacueraient la Sicile. Ainsi les Romains eurent l'empire de la mer, pour lequel ils avaient combattu. Et *Montesquieu* a précisément pris le contre-pié d'une vérité historique la mieux constatée.

Hannon, dans la négociation avec les Romains, déclara que les Carthaginois ne souffriraient pas que les Romains se lavassent les mains dans les mers de Sicile.

L'auteur fait ici un anacronisme de vingt-deux ans. La négociation d'*Hannon* est de l'an 488 de Rome, & le traité de paix dont il est question est de 510. Voyez *Polybe*.

Il ne fut pas permis aux Romains de naviger au delà du beau promontoire. Il leur fut défendu de trafiquer en Sicile, en Sardaigne, en Afrique, excepté à Carthage.

L'auteur fait ici un anacronisme de deux cent soixante & cinq ans. C'est d'après *Polybe* que l'auteur rapporte ce traité conclu l'an de Rome 245, sous le consulat de *Junius Brutus*, immédiatement après l'expulsion des rois; encor les conditions ne sont-elles pas fidélement rapportées. *Carthaginem vero & ad cætera Africæ loca quæ cis promontorium erant; item in Sardiniam atque Siciliam ubi Carthaginenses imperabant navigare mercemonii causa licebat.*

licebat. Il fut permis aux Romains de naviger pour leur commerce à Carthage, sur toutes les côtes de l'Afrique en deçà du promontoire, de même que sur les côtes de la Sardaigne & de la Sicile qui obéissaient aux Carthaginois.

Ce mot seul *mercemonii causa, pour raison de leur commerce*, démontre que les Romains étaient occupés des intérêts du commerce dès la naissance de la république.

NB. Tout ce que dit l'auteur sur le commerce ancien & moderne est extrêmement erroné.

Je passe un nombre prodigieux de fautes capitales sur cette matière, quelques importantes qu'elles soient, parce qu'un des plus célèbres négocians de l'Europe s'occupe à les relever dans un livre qui sera très utile.

La stérilité du terrain d'Athènes y établit le gouvernement populaire, & la fertilité de celui de Lacédémone le gouvernement aristocratique.

Le fait est qu'Athènes était vingt fois plus riche que Lacédémone. A l'égard de la bonté du sol, il faut y avoir été pour l'apprécier. Mais jamais on n'attribua la forme d'un gouvernement au plus ou moins de fertilité d'un terrain. Venise avait très peu de bled quand les nobles gouvernèrent. Gènes n'a pas assurément un sol fertile, & c'est une aristocratie. Genève tient plus de l'état populaire, & n'a pas de son crû de quoi se nourrir quatre jours. La Suède pauvre a été longtems sous le joug de la monarchie, tandis que la Pologne fertile fut une aristocratie. Je ne conçois pas comment on peut ainsi établir de prétendues règles continuellement démenties par l'expérience. Presque tout le livre, il faut l'avouer, est fondé sur des suppositions que la moindre attention détruirait.

La féodalité est un événement arrivé une fois dans le monde, & qui n'arrivera peut être jamais, &c.

Nous trouvons la féodalité, les bénéfices militaires établis sous *Alexandre Sévère*, sous les rois Lombards, sous *Charlemagne*, dans l'empire Ottoman, en Perse, dans le Mogol, au Pégu; & en dernier lieu *Catherine II* impératrice de Russie vient de donner en fief la Moldavie que ses armes ont conquise.

Chez les Germains il y avait des vassaux & non pas des fiefs. Les fiefs étaient des chevaux de bataille, des armes, des repas.

Quelle idée! il n'y a point de vassalité sans terre. Un officier à qui son général aura donné à souper, n'est pas pour cela son vassal.

Du tems du roi Charles IX, il y avait vingt millions d'hommes en France.

Il donne Puffendorf pour garant de cette assertion ; *Puffendorf* va jusqu'à vingt-neuf millions, & il avait copié cette exagération d'un de nos auteurs qui se trompait d'environ quatorze à quinze millions. La France ne comptait point alors au nombre de ses provinces la Lorraine, l'Alsace, la Franche-Comté, la moitié de la Flandre, l'Artois, le Cambresis, le Roussillon, le Béarn ; & aujourd'hui qu'elle possède tous ces pays, elle n'a pas vingt millions d'habitans, suivant le dénombrement des feux exactement fait en 1751. Cependant, elle n'a jamais été si peuplée, & cela est prouvé par la quantité de terrains mis en valeur depuis *Charles IX.*

En Europe les empires n'ont jamais pu subsister.

Cependant l'empire Romain s'y est maintenu cinq cent ans, & l'empire Turc y domine depuis l'an 1453.

La cause de la durée des grands empires en Asie, c'est qu'il n'y a que de grandes plaines.

Il ne s'est pas souvenu des montagnes qui traversent la Natolie & la Syrie, du Caucase, du Taurus, de l'Ararat, de l'Immaüs, du Saron, dont les branches couvrent l'Asie.

En Espagne on a défendu les étoffes d'or & d'argent. Un pareil décret serait semblable à celui que feraient les états de Hollande, s'ils défendaient la consommation de la canelle.

On ne peut faire une comparaison plus fausse, ni dire une chose moins politique. Les Espagnols n'avaient point de manufactures; ils auraient été obligés d'acheter ces étoffes de l'étranger. Les Hollandais, au contraire, sont les seuls possesseurs de la canelle. Ce qui était raisonnable en Espagne, eût été absurde en Hollande.

Je n'entrerai point dans la discussion de l'ancien gouvernement des Francs vainqueurs des Gaulois; dans ce chaos de coutumes toutes bizarres, toutes contradictoires; dans l'examen de cette barbarie, de cette anarchie qui a duré si longtems, & sur lesquelles il y a autant de sentimens différens que nous en avons en théologie. On n'a perdu que trop de tems à descendre dans ces abîmes de ruines. Et l'auteur de l'*Esprit des loix* a dû s'y égarer comme les autres.

Après avoir vu qu'il y a des erreurs comme ailleurs dans l'*Esprit des loix*, après que tout le monde est convenu que ce livre manque de méthode, qu'il n'y a nul plan, nul ordre, & qu'après l'avoir lu on ne sait guères ce qu'on a lu, il faut rechercher quel est son mérite, & quelle est la cause de sa grande réputation.

C'eſt premiérement qu'il eſt écrit avec beaucoup d'eſprit, & que tous les autres livres ſur cette matière ſont ennuieux. C'eſt pourquoi, nous avons déja remarqué, qu'une dame qui avait autant d'eſprit que Monteſquieu, diſait que ſon livre était *de l'eſprit ſur les loix*. On ne l'a jamais mieux défini.

Une raiſon beaucoup plus forte encor, c'eſt que ce livre plein de grandes vues attaque la tyrannie, la ſuperſtition & la maltote, trois choſes que les hommes déteſtent. L'auteur conſole des eſclaves en plaignant leurs fers; & les eſclaves le béniſſent.

Ce qui lui a valu les applaudiſſemens de l'Europe, lui a valu auſſi les invectives des fanatiques.

Un de ſes plus acharnés & de ſes plus abſurdes ennemis, qui contribua le plus par ſes fureurs à faire reſpecter le nom de *Monteſquieu* dans l'Europe, fut le gazetier des convulſionnaires. Il le traita de *ſpinoſiſte* & de *déiſte*, c'eſt-à-dire, il l'accuſa de ne pas croire en DIEU, & de croire en DIEU.

Il lui reproche d'avoir eſtimé *Marc-Aurèle*, *Epictète* & les ſtoïciens, & de n'avoir jamais loué *Janſénius*, l'abbé de *St. Cyran* & le père *Queſnel*.

Il lui fait un crime irrémiſſible d'avoir dit que *Bayle* eſt un grand-homme.

Il prétend que l'*Eſprit des loix* eſt un de

ces ouvrages monſtrueux; dont la France n'eſt inondée que depuis la bulle *Unigenitus* qui a corrompu toutes les conſciences.

Ce gredin, qui de ſon grenier tirait au moins trois cent pour cent de ſa gazette eccléſiaſtique, déclama comme un ignorant contre l'intérêt de l'argent au taux du roi. Il fut ſecondé par quelques cuiſtres de ſon eſpèce; ils finirent par reſſembler aux eſclaves qui ſont aux pieds de la ſtatue de *Louis XIV*; ils ſont écraſés, & ils ſe mordent les mains.

Monteſquieu a preſque toûjours tort avec les ſavans, parce qu'il ne l'était pas. Mais il a toûjours raiſon contre les fanatiques & contre les promoteurs de l'eſclavage. L'Europe lui en doit d'éternels remerciemens.

LUXE.

DAns un pays où tout le monde allait pieds nuds, le premier qui ſe fit faire une paire de ſouliers avait-il du luxe? n'était-ce pas un homme très ſenſé & très induſtrieux?

N'en eſt-il pas de même de celui qui eut la première chemiſe? pour celui qui la fit blanchir & repaſſer, je le crois un génie plein de reſſources, & capable de gouverner un état.

Cependant, ceux qui n'étaient pas accoutumés à porter des chemises blanches, le prirent pour un riche efféminé qui corrompait la nation.

Gardez-vous du luxe, disait *Caton* aux Romains; vous avez subjugué la province du Phase; mais ne mangez jamais de faisans. Vous avez conquis le pays où croit le coton, couchez sur la dure. Vous avez volé à main armée l'or, l'argent & les pierreries de vingt nations, ne soyez jamais assez sots pour vous en servir. Manquez de tout après avoir tout pris. Il faut que les voleurs de grand chemin soient vertueux & libres.

Lucullus lui répondit, Mon ami, souhaite plutôt que *Crassus*, *Pompée*, *César* & moi nous dépensions tout en luxe. Il faut bien que les grands voleurs se battent pour le partage des dépouilles. Rome doit être asservie, mais elle le sera bien plutôt & bien plus sûrement par l'un de nous si nous fesons valoir comme toi notre argent, que si nous le dépensons en superfluités & en plaisirs. Souhaite que *Pompée* & *César* s'appauvrissent assez pour n'avoir pas de quoi soudoyer des armées.

Il n'y a pas longtems qu'un homme de Norvège reprochait le luxe à un Hollandais. Qu'est devenu, disait-il, cet heureux tems où un négociant partant d'Amsterdam pour les grandes Indes, laissait un quartier de bœuf fumé dans sa cuisine, & le retrouvait à son retour ? Où sont vos cuillers de bois & vos fourchettes de fer ? n'est-il pas honteux pour un sage Hollandais de coucher dans un lit de damas ?

Va-t-en à Batavia, lui répondit l'homme d'Amsterdam ; gagne comme moi dix tonnes d'or, & voi si l'envie ne te prendra pas d'être bien vêtu, bien nourri & bien logé.

Depuis cette conversation on a écrit vingt volumes sur le luxe, & ces livres ne l'ont ni diminué, ni augmenté.

MAITRE.

QUe je suis malheureux d'être né ! disait *Ardassan Ougli*, jeune icoglan du grand padisha des Turcs. Encore si je ne dépendais que du grand padisha. Mais je suis soumis au chef de mon oda, au capigi bachi ; & quand je veux recevoir ma paye, il faut que je me prosterne devant un commis du tefterdar, qui m'en retranche la moitié. Je n'avais pas sept ans que l'on me coupa, malgré moi, en cérémonie, le bout de mon prépuce ; & j'en fus malade quinze jours. Le derviche qui nous fait la prière est mon maître ; un iman est encore plus mon maître ; le molla l'eſt encor plus que l'iman. Le cadi eſt un autre maître ; le cadileſquier l'eſt davantage ; le muphti l'eſt beaucoup plus que tous ceux-là enſemble. Le kiaïa du grand-viſir peut d'un mot me faire jetter dans le canal ; & le grand-viſir enfin peut me faire ſerrer le col à ſon plaiſir, & empailler la peau de ma tête, ſans que perſonne y prenne ſeulement garde.

Que de maîtres ! grand DIEU ! quand j'aurais autant de corps & autant d'ames que j'ai de devoirs à remplir, je n'y pourais pas ſuffire. O *Allah !* que ne m'as-tu fait chat-huant ! je vivrais libre dans mon trou, & je mangerais des ſouris à mon aiſe ſans maître & ſans valets. C'eſt aſſurément la vraie deſtinée de l'homme ; il n'a des maîtres que depuis qu'il eſt perverti. Nul homme n'était fait pour ſervir continuellement un autre homme. Chacun aurait charitablement aidé ſon prochain, ſi les choſes étaient dans l'ordre. Le clair-voyant aurait conduit l'aveugle ; le diſpos aurait ſervi de béquilles au cul-de-jatte. Ce monde aurait été le paradis de *Mahomet* ; & il eſt l'enfer, qui ſe trouve préciſément ſous le pont-aigu.

Ainſi parlait *Ardaſſan Ougli*, après avoir reçu les étrivières de la part d'un de ſes maîtres.

Ardaſſan Ougli, au bout de quelques années, devint bacha à trois queues. Il fit une fortune prodigieuſe ; & il crut fermement que tous les hommes, excepté le grand Turc & le grand-viſir, étaient nés pour le ſervir, & toutes les femmes pour lui donner du plaiſir ſelon ſes volontés.

MALADIE. MÉDECINE.

JE ſuppoſe qu'une belle princeſſe qui n'aura jamais entendu parler d'anatomie, ſoit malade pour avoir trop mangé, trop danſé, trop veillé, trop fait tout ce que font pluſieurs princeſſes ; je ſuppoſe que ſon médecin lui diſe, Madame, pour que vous vous portiez bien il faut que votre cerveau & votre cervelet diſtribuent une moëlle allongée, bien conditionnée, dans l'épine de votre dos juſqu'au bout du croupion de votre alteſſe ; & que cette moëlle allongée aille animer également quinze paires de nerfs à droite, & quinze paires à gauche. Il faut que votre cœur ſe contracte & ſe dilate avec une force toûjours égale, & que tout votre ſang qu'il envoye à coups de piſton dans vos artères, circule dans toutes ces artères & dans toutes les veines environ ſix cent fois par jour.

Ce sang, en circulant avec cette rapidité que n'a point le fleuve du Rhône, doit déposer sur son passage de quoi former & abreuver continuellement la limphe, les urines, la bile, la liqueur spermatique de votre altesse, de quoi fournir à toutes ses secrétions, de quoi arroser insensiblement votre peau douce, blanche & fraiche, qui sans cela serait d'un jaune grisâtre, séche & ridée comme un vieux parchemin.

LA PRINCESSE.

Eh bien, monsieur, le roi vous paye pour me faire tout cela; ne manquez pas de mettre toute chose à leur place, & de me faire circuler mes liqueurs de façon que je sois contente. Je vous avertis que je ne veux jamais souffrir.

LE MÉDECIN.

Madame, adressez vos ordres à l'auteur de la nature. Le seul pouvoir qui fait courir des milliards de planètes & de comètes autour des millions de soleils, a dirigé la course de votre sang.

LA PRINCESSE.

Quoi! vous êtes médecin, & vous ne pouvez rien me donner?

LE MÉDECIN.

Non, madame, nous ne pouvons que vous ôter. On n'ajoute rien à la nature. Vos valets nétoyent votre palais; mais l'architecte l'a bâti. Si votre altesse a mangé goulument, je puis déterger ses entrailles avec de la casse, de la manne & des follicules de séné; c'est un balai que j'y introduis, & je pousse vos matières. Si vous avez un cancer, je vous coupe un teton, mais je ne puis vous en rendre un autre. Avez-vous une pierre dans la vessie, je puis vous en délivrer au moyen d'un dilatatoire; & je vous fais beaucoup moins de mal qu'aux hommes: je vous coupe un pied gangréné, & vous marchez sur l'autre. En un mot, nous autres médecins nous ressemblons parfaitement aux arracheurs de dents; ils vous délivrent d'une dent gâtée sans pouvoir vous en substituer une qui tienne, quelques charlatans qu'ils puissent être.

LA PRINCESSE.

Vous me faites trembler. Je croyais que les médecins guérissaient tous les maux.

LE MÉDECIN.

Nous guérissons infailliblement tous ceux qui se guérissent d'eux-mêmes. Il en est généralement & à peu d'exceptions près, des maladies internes comme des plaies extérieures. La nature ſeule vient à bout de celles qui ne ſont pas mortelles. Celles qui le ſont ne trouvent dans l'art aucune reſſource.

LA PRINCESSE.

Quoi ! tous ces ſecrets pour purifier le ſang dont m'ont parlé mes dames de compagnie ! ce baume de vie du Sr. *le Liévre*, ces ſachets du Sr. *Arnoud*, toutes ces pillules vantées par leurs femmes de chambre ?

LE MÉDECIN.

Autant d'inventions pour gagner de l'argent & pour flatter les malades pendant que la nature agit ſeule.

LA PRINCESSE.

Mais il y a des ſpécifiques.

LE MÉDECIN.

Oui, madame, comme il y a l'eau de Jouvence dans les romans.

LA PRINCESSE.

En quoi donc conſiſte la médecine ?

LE MÉDECIN.

Je vous l'ai déja dit, à débarraſſer, à nétoyer, à tenir propre la maiſon qu'on ne peut rebâtir.

LA PRINCESSE.

Cependant il y a des choſes ſalutaires, d'autres nuiſibles.

LE MÉDECIN.

Vous avez deviné tout le ſecret. Mangez, & modérément, ce que vous ſavez par expérience vous convenir. Il n'y a de bon pour le corps que ce qu'on digère. Quelle médecine vous fera digérer ? l'exercice. Quelle réparera vos forces ? le ſommeil. Quelle diminuera des maux incurables ? la patience. Qui peut changer une mauvaiſe conſtitution ? rien. Dans toutes les maladies violentes nous n'avons que la recette de Molière, *ſeignare*, *purgare*, & ſi l'on veut, *cliſterium donare.* Il n'y en a pas une quatriéme. Tout cela n'eſt autre choſe, comme je vous l'ai dit, que nétoyer une maiſon à laquelle nous ne pouvons pas ajouter une cheville. Tout l'art conſiſte dans l'à-propos.

LA PRINCESSE.

Vous ne fardez point votre marchandiſe. Vous êtes honnête homme. Si je ſuis reine, je veux vous faire mon premier médecin.

LE MÉDECIN.

Que votre premier médecin ſoit la nature. C'eſt elle qui fait tout. Voyez tous ceux qui ont poussé leur carrière jusqu'à cent années, aucun n'était de la faculté. Le roi de France a déja enterré une quarantaine de ses médecins, tant premiers médecins que médecins de quartier & consultans.

LA PRINCESSE.

Vraiment j'espère bien vous enterrer aussi.

MARIAGE.

SECTION PREMIÈRE.

J'Ai rencontré un raisonneur qui disait : Engagez vos sujets à se marier le plutôt qu'il sera possible ; qu'ils soient exempts d'impôts la première année, & que leur impôt soit réparti sur ceux qui au même âge seront dans le célibat.

Plus vous aurez d'hommes mariés, moins il y aura de crimes. Voyez les régistres affreux de vos greffes criminels ; vous y trouvez cent garçons de pendus, ou de roués, contre un père de famille.

Le mariage rend l'homme plus vertueux & plus sage. Le père de famille, prêt de commettre un crime, est souvent arrêté par sa femme, qui, ayant le sang moins brûlé que lui, est plus douce, plus compatissante, plus effrayée du vol & du meurtre, plus craintive, plus religieuse.

Le père de famille ne veut pas rougir devant ses enfans. Il craint de leur laisser l'opprobre pour héritage.

Mariez vos soldats, ils ne déserteront plus. Liés à leur famille, ils le seront à leur patrie. Un soldat célibataire n'est souvent qu'un vagabond, à qui il serait égal de servir le roi de Naples & le roi de Maroc.

Les guerriers Romains étaient mariés; ils combattaient pour leurs femmes & pour leurs enfans; & ils firent esclaves les femmes & les enfans des autres nations.

Un grand politique Italien, qui d'ailleurs était fort savant dans les langues orientales, chose très rare chez nos politiques, me disait dans ma jeunesse: *Caro figlio*, souvenez-vous que les Juifs n'ont jamais eu qu'une bonne institution, celle d'avoir la virginité en horreur. Si ce petit peuple de courtiers superstitieux n'avait pas regardé le mariage comme la première loi de l'homme, s'il y avait eu chez lui des couvens de religieuses, il était perdu sans ressource.

SECTION

SECTION SECONDE.

Le mariage eſt un contrat du droit des gens, dont les catholiques romains ont fait un ſacrement.

Mais le ſacrement & le contrat ſont deux choſes bien différentes ; à l'un ſont attachés les effets civils, à l'autre les graces de l'égliſe.

Ainſi lorſque le contrat ſe trouve conforme au droit des gens, il doit produire tous les effets civils. Le défaut de ſacrement ne doit opérer que la privation des graces ſpirituelles.

Telle a été la juriſprudence de tous les ſiécles & de toutes les nations, excepté des Français. Tel a été même le ſentiment des pères de l'égliſe les plus accrédités.

Parcourons les codes théodoſien & juſtinien, vous n'y trouverez aucune loi qui ait proſcrit les mariages des perſonnes d'une autre croyance, lors même qu'ils avaient été contractés avec des catholiques.

Il eſt vrai que *Conſtance*, ce fils de *Conſtantin* auſſi cruel que ſon père, défendit aux Juifs ſous peine de mort, de ſe marier avec des femmes chrétiennes (a), & que *Valentinien*, *Théodoſe*, *Arcade*, firent la même défenſe, ſous les mêmes peines aux femmes

(a) Code théod. tit. *de Judæis*, loi VI.

Juives. Mais ces loix n'étaient déja plus observées sous l'empereur *Marcien* ; & *Justinien* les rejetta de son code. Elles ne furent faites d'ailleurs que contre les Juifs, & jamais on ne pensa à les appliquer aux mariages des payens ou des hérétiques avec les sectateurs de la religion dominante.

(b) *Lib. de Fide & operib. cap.* XIX. N°. 35.

Consultez *St. Augustin*, (b) il vous dira que de son tems on ne regardait pas comme illicites les mariages des fidèles avec les infidèles, parce qu'aucun texte de l'Evangile ne les avait condamnés. *Quæ matrimonia cum infidelibus nostris temporibus jam non putantur esse peccata ; quoniam revera in novo Testamento, nihil indè præceptum est ; & ideò aut licere creditum est aut velut dubium derelictum.*

Augustin dit de même, que ces mariages opèrent souvent la conversion de l'époux infidèle. Il cite l'exemple de son propre père, qui embrassa la religion chrétienne parce que sa femme *Monique* professait le christianisme. *Clotilde* par la conversion de *Clovis*, & *Théodelinde* par celle d'*Agiluf* roi des Lombards, furent plus utiles à l'église que si elles eussent épousé des princes orthodoxes.

Consultez la déclaration du pape *Benoit XIV* du 4 Novembre 1741, vous y lirez ces propres mots : *Quod vero spectat ad ea con-*

jugia quæ absque formâ à Tridentino statuta, contrahantur à catholicis cum hæreticis, sive catholicus vir hæreticam fœminam ducat, sive catholica fœmina hæretico viro nubat. Si hujusmodi matrimonium sit contractum aut in posterum contrahi contingat, Tridentini formâ non servata, declarat sanctitas sua, alio non concurrente impedimento, validum habendum esse, sciens conjux, catholicus se istius matrimonii vinculo perpetuo ligatum in.

Par quel étonnant contraste les loix françaises sont-elles sur cette matière plus sévères que celles de l'église? la première loi qui ait établi ce rigorisme en France, est l'édit de *Louïs XIV* du mois de Novembre 1680. Cet édit mérite d'être rapporté.

» *Louïs* &c. Les canons des conciles ayant » condamné les mariages des catholiques » avec les hérétiques comme un scandale » public, & une prophanation du sacrement; » nous avons estimé d'autant plus nécessaire » de les empêcher à l'avenir, que nous avons » reconnu que la tolérance de ces mariages » expose les catholiques à une tentation con» tinuelle de sa perversion &c. A ces cau» ses &c. voulons & nous plait, qu'à l'ave» nir nos sujets de la religion catholique, » apostolique & romaine, ne puissent sous » quelque prétexte que ce soit, contracter » mariage avec ceux de la religion prétendue

„ réformée, déclarant tels mariages non va-
„ lablement contractés, & les enfans qui
„ en viendront illégitimes. “

Il est bien singulier que l'on se soit fondé sur les loix de l'église pour annuller des mariages que l'église n'annulla jamais. Vous voyez dans cet édit le sacrement confondu avec le contrat civil ; c'est cette confusion qui a été la source des étranges loix de France sur le mariage.

St. Augustin approuvait les mariages des orthodoxes avec les hérétiques, parce qu'il espérait que l'époux fidèle convertirait l'autre ; & *Louis XIV* les condamne dans la crainte que l'hétérodoxe ne pervertisse le fidèle !

Il existe en Franche-Comté une loi plus cruelle ; c'est un édit de l'archiduc *Albert* & de son épouse *Isabelle* du 20 Décembre 1599, qui fait défense aux catholiques de se marier à des hérétiques, à peine de confiscation de corps & de biens. (c)

(c) Anciennes ordonnances de la Franche-Comté, liv. V, tit. XVIII.

Le même édit prononce la même peine contre ceux qui seront convaincus d'avoir mangé du mouton le vendredi ou le samedi. Quelles loix & quels législateurs !

* Cela est exagéré.

a) *Quod attinet ad matrimonia ab hæreticis inter se celebrata, non observata forma à Tridentino præscripta, quæque in posterum contrahentur, dum modo non aliud obstiterit canonicum impedimentum, sanctitas sua*

A quels hommes, grand DIEU, livrez-vous l'univers !

SECTION TROISIÉME.

Si nos loix réprouvent les mariages des catholiques avec les personnes d'une religion différente, accordent-elles au moins les effets civils aux mariages des Français protestans avec des Français de la même secte ?

On compte aujourd'hui dans le royaume un million de protestans, * & cependant la validité de leur mariage est encor un problême dans les tribunaux.

C'est encor ici un des cas où notre jurisprudence se trouve en contradiction avec les décisions de l'église, & avec elle-même.

Dans la déclaration papale citée dans la précédente section, *Benoit XIV* décide que les mariages des protestans contractés suivant leurs rites, ne sont pas moins valables que s'ils avaient été faits suivant les formes établies par le concile de Trente; & que l'époux qui devient catholique, ne peut rompre ce lien pour en former un autre avec une personne de sa nouvelle religion. *a*)

statuit pro validis habenda esse; adeòque si contiget utrumque conjugem ad catholicæ ecclesiæ sinum se recipere, eodem quo anteà conjugali vinculo ipsos animo teneri; etiam si mutuus consensus coram parocho catholico non renovetur.

Barac Levy, juif de naiſſance, & originaire d'Haguenau, s'y était marié avec *Mendel-Cerf*, de la même ville & de la même religion.

Ce juif vint à Paris en 1752, & ſe fit batiſer le 13 Mai 1754. Il envoya ſommer ſa femme à Haguenau de venir le joindre à Paris. Dans une autre ſommation il conſentit que cette femme, en venant le joindre, continuât de vivre dans ſa ſecte juive.

A ces ſommations, *Mendel-Cerf* répondit qu'elle ne voulait point retourner avec lui, & qu'elle le requérait de lui envoyer, ſuivant les formes du judaiſme, un libelle de divorce, pour qu'elle pût ſe marier à un autre juif.

Cette réponſe ne contentait pas *Levy*; il n'envoya point de libelle de divorce, mais il fit aſſigner ſa femme devant l'official de Straſbourg, qui, par une ſentence du 7 Septembre 1754, le déclara libre de ſe marier en face de l'égliſe avec une femme catholique.

Muni de cette ſentence, le juif chriſtianiſé vient dans le diocèſe de Soiſſons, & y contracte des promeſſes de mariage avec une fille de Villeneuve. Le curé refuſe de publier les bancs. *Levy* lui fait ſignifier les ſommations qu'il avait faites à ſa femme, & la ſentence de l'official de Straſbourg, & un certificat du ſecrétaire de l'évêché de la même ville, qui atteſtait que dans tous les tems il avait été permis dans le diocèse, aux juifs batisés de se remarier à des catholiques, & que cet usage avait été constamment reconnu par le conseil souverain de Colmar.

Mais ces piéces ne parurent point suffisantes au curé de Villeneuve. *Levy* fut obligé de l'assigner devant l'official de Soissons.

Cet official ne pensa pas, comme celui de Strasbourg, que le mariage de *Levy* avec *Mendel-Cerf* fût nul ou dissoluble. Par sa sentence du 5 Février 1756, il déclara le juif non recevable. Celui-ci appella de cette sentence au parlement de Paris, où il n'eut pour contradicteur que le ministère public; mais par arrêt du 2 Janvier 1758 la sentence fut confirmée; & il fut défendu de nouveau à *Levy* de contracter aucun mariage pendant la vie de *Mendel-Cerf*.

Voilà donc un mariage contracté entre des Français juifs suivant les rites juifs, déclaré valable par la première cour du royaume.

Mais quelques années après la même question fut jugée différemment dans un autre parlement, au sujet d'un mariage contracté entre deux Français protestans, qui avaient été mariés en présence de leurs parens par un ministre de leur communion. L'époux protestant avait changé de religion comme l'époux juif. Et après avoir passé à un second mariage avec une catholique, le parlement de Grenoble confirma ce second mariage, & déclara nul le premier.

Si de la jurisprudence nous passons à la législation, nous la trouverons obscure sur cette matière importante comme dans tant d'autres.

Par un arrêt du conseil du 15 Septembre 1685, il fut dit, „Que les protestans *b*) pou-
„ raient se faire marier, pourvu toutefois
„ que ce fût en présence du principal officier
„ de justice, & que les publications qui de-
„ vaient précéder ces mariages, se feraient
„ au siége royal le plus prochain du lieu de
„ la demeure de chacun des protestans, qui
„ se voudraient marier, & seulement à l'au-
„ dience. "

Cet arrêt ne fut point révoqué par l'édit qui trois semaines après supprima l'édit de Nantes.

Mais depuis la déclaration du 14 Mai 1724, minutée par le cardinal de *Fleuri*, les juges n'ont plus voulu présider aux mariages des protestans, ni permettre dans leurs audiences la publication de leurs bancs.

b) N'est-il pas bien plaisant qu'en France le conseil même ait donné aux protestans le nom de *religionaires*, comme si eux seuls avaient eu de la religion; & que les autres n'eussent été que des papistes gouvernés par des arrêts & par des bulles.

L'article XV. de cette loi, veut que les formes prescrites par les canons soient observées dans les mariages, tant des nouveaux convertis que de tous les autres sujets du roi.

On a cru que cette expression générale, *tous les autres sujets*, comprenait les protestans comme les catholiques ; & sur cette interprétation on a annullé les mariages des protestans qui n'avaient pas été revêtus des formes canoniques.

Cependant, il semble que les mariages des protestans ayant été autorisés autrefois par une loi expresse, il faudrait aujourd'hui, pour les annuller, une loi expresse qui portât cette peine. D'ailleurs, le terme de *nouveaux convertis*, mentionné dans la déclaration, parait indiquer que le terme qui suit n'est rélatif qu'aux catholiques. Enfin, quand la loi civile est obscure ou équivoque, les juges ne doivent-ils pas juger suivant le droit naturel & le droit des gens ?

Ne resulte-t-il pas de ce qu'on vient de lire que souvent les loix ont besoin d'être réformées, & les princes de consulter un conseil plus instruit, de n'avoir point de ministre prêtre, & de se défier beaucoup des courtisans en soutane qui ont le titre de leurs confesseurs ?

MARTYRS.

Martyr, témoin, *martyrion*, témoignage. La fociété chrétienne naiffante donna d'abord le nom de *martyrs* à ceux qui annonçaient nos nouvelles vérités devant les hommes, qui rendaient témoignage à JESUS, qui confeffaient JESUS, comme on donna le nom de *faint* aux presbites, aux furveillans de la fociété, & aux femmes leurs bienfaictrices; c'eft pourquoi *St. Jérôme* appelle fouvent dans fes lettres, fon affiliée Paule, *Sainte Paule.* Et tous les premiers évêques s'appellaient *faints.*

Le nom de *martyrs* dans la fuite ne fut plus donné qu'aux chrétiens morts ou tourmentés dans les fupplices; & les petites chapelles qu'on leur érigea depuis reçurent le nom de *martyrion.*

C'eft une grande queftion pourquoi l'empire Romain autorifa toûjours dans fon fein la fecte juive, même après les deux horribles guerres de *Titus* & d'*Hadrien*; pourquoi il toléra le culte ifiaque à plufieurs reprifes, & pourquoi il perfécuta fouvent le chriftianifme. Il eft évident que les Juifs qui payaient chérement leurs fynagogues, dénonçaient les chrétiens leurs ennemis mortels,

& ſoulevaient les peuples contre eux. Il eſt encor évident que les Juifs occupés du métier de courtiers & de l'uſure, ne prêchaient point contre l'ancienne religion de l'empire, & que les chrétiens tous engagés dans la controverſe prêchaient contre le culte public, voulaient l'anéantir, brûlaient ſouvent les temples, briſaient les ſtatues conſacrées, comme firent *St. Théodore* dans Amaſée, & *St. Polyeucte* dans Mitilène.

Les chrétiens orthodoxes étant ſûrs que leur religion était la ſeule véritable, n'en toléraient aucune autre. Alors on ne les toléra guères. On en ſupplicia quelques-uns qui moururent pour la foi, & ce furent les martyrs.

Ce nom eſt ſi reſpectable, qu'on ne doit pas le prodiguer ; il n'eſt pas permis de prendre le nom & les armes d'une maiſon dont on n'eſt pas. On a établi des peines très graves contre ceux qui oſent ſe décorer de la croix de Malthe ou de St. Louïs ſans être chevaliers de ces ordres.

Le ſavant *Dodwell*, l'habile *Midleton*, le judicieux *Blondel*, l'exact *Tillemont*, le ſcrutateur *Launoy* & beaucoup d'autres, tous zélés pour la gloire des vrais martyrs, ont rayé de leur catalogue une multitude d'inconnus à qui l'on prodiguait ce grand nom. Nous avons obſervé que ces ſavans avaient pour eux l'aveu formel d'*Origène*, qui dans sa *Réfutation de Celſe*, avoue qu'il y a eu peu de martyrs, & encor de loin à loin, & qu'il eſt facile de les compter.

Cependant, le bénediĉtin *Ruinart*, qui s'intitule *Don Ruinart*, quoiqu'il ne ſoit pas Eſpagnol, a combattu tant de ſavans perſonnages. Il nous a donné avec candeur beaucoup d'hiſtoires de martyrs qui ont paru fort ſuſpectes aux critiques. Pluſieurs bons eſprits ont douté de quelques anecdotes, concernant les légendes rapportées par *Don Ruinart*, depuis la première juſqu'à la dernière.

1°. STE. SIMPHOROSE ET SEPT ENFANS.

Les ſcrupules commencent par *Ste. Simphoroſe* & ſes ſept enfans martyriſés avec elle, ce qui paraît d'abord trop imité des ſept Maccabées. On ne ſait pas d'où vient cette légende, & c'eſt déja un grand ſujet de doute.

On y rapporte que l'empereur *Adrien* voulut interroger lui-même l'inconnue *Simphoroſe*, pour ſavoir ſi elle n'était pas chrétienne. Les empereurs ſe donnaient rarement cette peine. Cela ſerait encor plus extraordinaire que ſi *Louïs XIV* avait fait ſubir un interrogatoire à un huguenot. Vous remarquerez encor qu'*Adrien* fut le plus grand protecteur des chrétiens, loin d'être leur perſécuteur.

Il eut donc une très longue converſation avec Simphoroſe ; & ſe mettant en colère, il lui dit, *Je te ſacrifierai aux Dieux*, comme ſi les empereurs Romains ſacrifiaient des femmes dans leurs dévotions. Enſuite il la fit jetter dans l'Anio, ce qui n'était pas un ſacrifice ordinaire. Puis il fit fendre un de ſes fils par le milieu du front juſqu'au pubis, un ſecond par les deux côtés ; on roua un troiſiéme, un quatriéme ne fut que percé dans l'eſtomac, un cinquiéme droit au cœur, un ſixiéme à la gorge ; le ſeptiéme mourut d'un paquet d'aiguilles enfoncées dans la poitrine. L'empereur *Adrien* aimait la variété. Il commanda qu'on les enſevelît auprès du temple d'*Hercule*, quoiqu'on n'enterrât perſonne dans Rome, encor moins près des temples ; & que c'eût été une horrible prophanation. Le pontife du temple (ajoute le légendaire) nomma le lieu de leur ſépulture *les ſept Biotanates*.

S'il était rare qu'on érigeât un monument dans Rome à des gens ainſi traités, il n'était pas moins rare qu'un grand-prêtre ſe chargeât de l'inſcription, & même que ce prêtre Romain leur fit une épitaphe grecque. Mais ce qui eſt encor plus rare, c'eſt qu'on prétende que ce mot *biotanates* ſignifie les ſept ſuppliciés. Biotanates eſt un mot forgé, qu'on ne trouve dans aucun auteur. Et ce ne peut être que par un jeu de mots qu'on lui donne cette ſignification en abuſant du mot *thenon*.

Il n'y a guères de fable plus mal conſtruite. Les légendaires ont ſu mentir, mais ils n'ont jamais ſu mentir avec art.

Le ſavant *la Croſe* bibliothécaire du roi de Pruſſe *Fréderic le grand*, diſait, Je ne ſais pas ſi *Ruinart* eſt ſincère ; mais j'ai peur qu'il ne ſoit imbécille.

2°. Ste. Félicité et encor sept enfans.

C'eſt de *Surius* qu'eſt tirée cette légende. Ce *Surius* eſt un peu décrié pour ſes abſurdités. C'eſt un moine du ſeiziéme ſiécle qui raconte les martyres du ſecond, comme s'il avait été préſent.

Il prétend que ce méchant homme, ce tyran *Marc-Aurèle Antonin Pie*, ordonna au préfet de Rome de faire le procès à *Ste. Félicité*, de la faire mourir elle & ſes ſepts enfans ; parce qu'il courait un bruit qu'elle était chrétienne.

Le préfet tint ſon tribunal au champ de Mars, lequel pourtant ne ſervait alors qu'à la revue des troupes ; & la première choſe que fit le préfet, ce fut de lui faire donner un ſoufflet en pleine aſſemblée.

Les longs diſcours du magiſtrat & des accuſés ſont dignes de l'hiſtorien. Il finit par faire mourir les ſept frères dans des ſupplices différens, comme les enfans de *Ste. Sim-*

phorose. Ce n'est qu'un double emploi. Mais pour *Ste. Félicité* il la laisse là & n'en dit pas un mot.

3°. St. Polycarpe.

Eusèbe raconte que *St. Polycarpe* ayant connu en songe qu'il serait brûlé dans trois jours, en avertit ses amis. Le légendaire ajoute, que le lieutenant de police de Smyrne nommé *Hérode*, le fit prendre par ses archers, qu'il fut livré aux bêtes dans l'amphithéatre, que le ciel s'entrouvrit, & qu'une voix céleste lui cria, *Bon courage, Polycarpe*. Que l'heure de lâcher les lions sur l'amphithéâtre étant passée, on alla prendre dans toutes les maisons du bois, pour le brûler; que le saint s'adressa au Dieu des *archanges*, (quoique le mot d'archange ne fût point encor connu) qu'alors les flammes s'arrangèrent autour de lui en arc de triomphe sans le toucher; que son corps avait l'*odeur d'un pain cuit*; mais qu'ayant résisté au feu, il ne put se défendre d'un coup de sabre; que son sang éteignit le bucher, & qu'il en sortit une colombe qui s'envola droit au ciel. On ne sait pas précisément dans quelle planète.

4°. De St. Ptolomée.

Nous suivons l'ordre de *Don Ruinart*; mais nous ne voulons point révoquer en doute le martyre de *St. Ptolomée* qui eſt tiré de l'apologétique de *St. Juſtin.*

Nous pourions former quelques difficultés ſur la femme accuſée par ſon mari d'être chrétienne, & qui le prévint en lui donnant le libelle de divorce. Nous pourions demander pourquoi dans cette hiſtoire il n'eſt plus queſtion de cette femme? Nous pourions faire voir qu'il n'était pas permis aux femmes du tems de *Marc-Aurèle* de demander à répudier leurs maris, que cette permiſſion ne leur fut donnée que ſous l'empereur *Julien*; & que l'hiſtoire tant répétée de cette chrétienne qui répudia ſon mari, (tandis qu'aucune payenne n'avait oſé en venir là) pourait bien n'être qu'une fable. Mais nous ne voulons point élever de diſputes épineuſes. Pour peu qu'il y ait de vraiſemblance dans la compilation de *Don Ruinart*, nous reſpectons trop le ſujet qu'il traite pour faire des objections.

Nous n'en ferons point ſur la lettre des égliſes de Vienne & de Lyon, quoiqu'il y ait encor bien des obſcurités. Mais on nous pardonnera de défendre la mémoire du grand *Marc-Aurèle* dans la vie de *St. Simphorien* de la ville d'Autun, qui était probablement parent de *Ste. Simphoroſe.*

5°. De

5°. DE ST. SIMPHORIEN D'AUTUN.

La légende, dont on ignore l'auteur, commence ainsi. „ L'empereur *Marc-Aurèle* venait „ d'exciter dans l'empire, une effroyable tempête contre l'églife, & fes édits foudroyans „ attaquaient de tous côtés la religion de „ JESUS-CHRIST, lorfque *St. Simphorien* vivait dans Autun dans tout l'éclat que peut „ donner une haute naiffance & d'une rare „ vertu. Il était d'une famille chrétienne, & „ l'une des plus confidérables de la ville &c. "
Jamais *Marc-Aurèle* ne donna d'édit fanglant contre les chrétiens. C'eft une calomnie très condamnable. *Tillemont* lui-même avoue, *Que ce fut le meilleur prince qu'ayent jamais eu les Romains; que fon règne fut un fiécle d'or; & qu'il vérifia ce qu'il difait fouvent d'après Platon, que les peuples ne feraient heureux que quand les rois feraient philofophes.*

De tous les empereurs ce fut celui qui promulgua les meilleures loix; il protégea tous les fages & ne perfécuta aucun chrétien, dont il avait un grand nombre à fon fervice.

Le légendaire raconte que *St. Simphorien* ayant refufé d'adorer Cibèle, le juge de la ville demanda, *Qui eft cet homme-là?* Or il eft impoffible que le juge d'Autun n'eût pas connu l'homme le plus confidérable d'Autun.

On le fait déclarer par la fentence, coupable

de lèze-majesté *divine & humaine.* Jamais les Romains n'ont employé cette formule, & cela seul ôterait toute créance au prétendu martyre d'Autun.

Pour mieux repousser la calomnie contre la mémoire sacrée de *Marc-Aurèle*, mettons sous les yeux le discours de *Meliton* évêque de Sarde, à ce meilleur des empereurs, rapporté mot-à-mot par *Eusèbe.*

Eusèbe pag. 187. traduct. de *Cousin in* 4°.

„ La suite continuelle des heureux succès „ qui sont arrivés à l'empire, sans que sa „ félicité ait été troublée par aucune dis- „ grace, depuis que notre religion qui était „ née avec lui s'est augmentée dans son sein, „ est une preuve évidente qu'elle contribue „ notablement à sa grandeur & à sa gloire. „ Il n'y a eu entre les empereurs que *Néron* „ & *Domitien*, qui étant trompés par certains „ imposteurs, ont répandu contre nous des „ calomnies, qui ont trouvé selon la cou- „ tume quelque créance parmi le peuple. „ Mais vos très pieux prédécesseurs ont cor- „ rigé l'ignorance de ce peuple, & ont répri- „ mé par des édits publics la hardiesse de ceux „ qui entreprendraient de nous faire aucun „ mauvais traitement. *Adrien*, votre ayeul, a „ écrit en notre faveur à *Fundanus* gouver- „ neur d'Asie, & à plusieurs autres. L'em- „ pereur votre père, dans le tems que vous „ partagiez avec lui les soins du gouverne- „ ment, a écrit aux habitans de Larisse,

„ de Theſſalonique, d'Athènes, & enfin à „ tous les peuples de la Grèce, pour répri- „ mer les ſéditions & les tumultes qui avaient „ été excités contre nous. “

Ce paſſage d'un évêque très pieux, très ſage & très véridique, ſuffit pour confondre à jamais tous les menſonges des légendaires, qu'on peut regarder comme la bibliothèque bleue du chriſtianiſme.

6°. D'UNE AUTRE STE. FÉLICITÉ ET STE. PERPÉTUE.

S'il était queſtion de contredire la légende de *Félicité* & de *Perpétue*, il ne ſerait pas difficile de faire voir combien elle eſt ſuſpecte. On ne connait ces martyres de Carthage que par un écrit ſans date de l'égliſe de Salzbourg. On ne ſait ſous quel empereur elles furent ſuppliciées. Les viſions prodigieuſes dont cette hiſtoire eſt remplie, ne décèlent pas un hiſtorien bien ſage. Une échelle toute d'or bordée de lances & d'épées, un dragon au haut de l'échelle, un grand jardin auprès du dragon, des brebis dont un vieillard tirait le lait, un réſervoir plein d'eau, un flacon d'eau dont on buvait ſans que l'eau diminuât; *Ste. Perpétue* ſe battant toute nue contre un vilain Égyptien, de jeunes gens tout nuds qui prenaient ſon parti; elle-même enfin devenue homme & athlète très vigoureux. Ce ſont-là, ce me ſemble, des imaginations qui ne devraient pas entrer dans un ouvrage reſpectable.

Il y a encor une réflexion très importante à faire ; c'eſt *que le ſtile de tous ces récits de martyres arrivés dans des tems ſi différens, eſt partout ſemblable, partout également puérile & ampoulé. Vous retrouvez les mêmes tours, les mêmes phraſes dans l'hiſtoire d'un martyre ſous *Domitien*, & d'un autre ſous *Galérius*. Ce ſont les mêmes épithètes, les mêmes exagérations. Pour peu qu'on ſe connaiſſe en ſtile, on voit qu'une même main les a tous rédigés.

Je ne prétends point ici faire un livre contre *Don Ruinart* ; & en reſpectant toûjours, en admirant, en invoquant les vrais martyrs avec la ſainte égliſe, je me bornerai à faire ſentir par un ou deux exemples frappans, combien il eſt dangereux de mêler ce qui n'eſt que ridicule avec ce qu'on doit vénérer.

7°. DE STE. THÉODOTE DE LA VILLE D'ANCIRE, ET DES SEPT VIERGES, ÉCRIT PAR NILUS TÉMOIN OCULAIRE, TIRÉ DE BOLLANDUS.

Pluſieurs critiques, auſſi éminens en ſageſſe qu'en vraie piété, nous ont déja fait connaître que la légende de *St. Théodote* le cabaretier eſt une prophanation & une eſpèce d'impiété, qui aurait dû être ſupprimée. Voici l'hiſtoire de *Théodote.* Nous employerons ſouvent les propres paroles des *Actes ſincères* recueillis par Don Ruinart.

Son métier de cabaretier lui fourniſſait les moyens d'exercer ſes fonctions épiſcopales. Cabaret illuſtre, conſacré à la piété & non à la débauche.... Tantôt Théodote était médecin, tantôt il fourniſſait de bons morceaux aux fidèles. On vit un cabaret être aux chrétiens, ce que l'arche de Noé fut à ceux que DIEU *voulut ſauver du déluge.* a)

Ce cabaretier Théodote ſe promenant près du fleuve Halis avec ſes convives vers un bourg voiſin de la ville d'Ancire. *Un gazon frais & mollet leur préſentait un lit delicieux; une ſource qui ſortait à quelques pas de là au pied d'un rocher, & qui par une route couronnée de fleurs, venait ſe rendre auprès d'eux pour les déſaltérer, leur offrait une eau claire & pure. Des arbres fruitiers mêlés d'arbres ſauvages leur fourniſſaient de l'ombre & des fruits, & une bande de ſavans roſſignols, que des cigales relevaient de tems en tems, y formaient un charmant concert, &c.*

Le curé du lieu, nommé *Fronton*, étant arrivé, & le cabaretier ayant bu avec lui ſur

a) Ce qui eſt ſous-ligné eſt mot-à-mot dans les *Actes ſincères*, tout le reſte eſt entiérement conforme. On l'a ſeulement abrégé pour éviter l'ennui du ſtile déclamatoire de ces actes.

l'herbe, *dont le verd naissant était relevé par les nuances diverses du divers coloris des fleurs*, dit au curé, *Ah, père, quel plaisir il y aurait à bâtir ici une chapelle! Oui*, dit Fronton, *mais il faut commencer par avoir des reliques. Allez, allez*, reprit St. Théodote, *vous en aurez bientôt sur ma parole, & voici mon anneau que je vous donne pour gage, bâtissez vite la chapelle.*

Le cabaretier avait le don de prophétie, & savait bien ce qu'il disait. Il s'en va à la ville d'Ancire, tandis que le curé *Fronton* se met à bâtir. Il y trouve la persécution la plus horrible, qui durait depuis très longtems. Sept vierges chrétiennes, dont la plus jeune avait soixante & dix ans, venaient d'être condamnées, selon l'usage, à perdre leur pucelage par le ministère de tous les jeunes gens de la ville. La jeunesse d'Ancire, qui avait probablement des affaires plus pressantes, ne s'empressa pas d'exécuter la sentence. Il ne s'en trouva qu'un qui obéït à la justice. Il s'adressa à *Ste. Técuse*, & la mena dans un cabinet avec une valeur étonnante. *Técuse* se jetta à ses genoux, & lui dit, Pour DIEU, mon fils, un peu de vergogne; *voyez ces yeux éteints, cette chair demi-morte, ces rides pleines de crasse, que soixante & dix ans ont creusé sur mon front, ce visage couleur de terre..... quittez des pensées si indignes d'un jeune homme comme vous*, JESUS-CHRIST *vous en conjure par ma bouche. Il vous le demande comme une grace, & si vous la lui accordez vous pouvez attendre tout de sa reconnaissance.* Ce discours de la vieille & son visage firent rentrer tout-à-coup l'exécuteur en lui-même. Les sept vierges ne furent point déflorées.

Le gouverneur irrité chercha un autre supplice ; il les fit initier sur le champ aux mystères de *Diane* & de *Minerve*. Il est vrai qu'on avait institué de grandes fêtes en l'honneur de ces divinités ; mais on ne connait point dans l'antiquité les mystères de *Minerve* & de *Diane*. *St. Nil*, intime ami du cabaretier *Théodote*, auteur de cette histoire merveilleuse, n'était pas au fait.

On mit, selon lui, les sept belles demoiselles, toutes nues sur le char qui portait la grande *Diane* & la sage *Minerve* au bord d'un lac voisin. Le Thucidide *St. Nil* paraît encor ici fort mal informé. Les prêtresses étaient toûjours couvertes d'un voile ; & jamais les magistrats Romains n'ont fait servir la déesse de la chasteté & celle de la sagesse par des filles qui montrassent aux peuples leur devant & leur derrière.

St. Nil ajoute que le char était précédé par deux chœurs de ménades qui portaient le tirse en main. *St. Nil* a pris ici les prêtresses de *Minerve* pour celles de *Bacchus*. Il n'était pas versé dans la liturgie d'Ancire.

Le cabaretier en entrant dans la ville vit ce funeste spectacle, le gouverneur, les ménades, la charrette, Minerve, Diane & les sept pucelles. Il court se mettre en oraison dans une hutte avec un neveu de *Ste. Técuse.* Il prie le ciel que ces sept dames soient plutôt mortes que nues. Sa prière est exaucée; il apprend que les sept filles au-lieu d'être déflorées ont été jettées dans le lac, une pierre au cou, par ordre du gouverneur. Leur virginité est en sûreté. *A cette nouvelle le saint se relevant de terre & se tenant sur les genoux, tourna ses yeux vers le ciel; & parmi les divers mouvemens d'amour, de joie & de reconnaissance qu'il ressentait, il dit, Je vous rends graces, Seigneur, de ce que vous n'avez pas rejetté la prière de votre serviteur.*

Il s'endormit, & pendant son sommeil, Ste. Técuse la plus jeune des noyées lui apparut. Eh quoi! mon fils Théodote, lui dit-elle, *vous dormez sans penser à nous, avez-vous oublié si-tôt les soins que j'ai pris de votre jeunesse? ne souffrez pas, mon cher Théodote, que nos corps soient mangés des poissons. Allez au lac, mais gardez-vous d'un traître.*

Ce traître était le propre neveu de Ste. Técuse.

J'omets ici une foule d'avantures miraculeuses qui arrivèrent au cabaretier pour venir à la plus importante. Un cavalier céleste armé de toutes piéces, précédé d'un flambeau céleste, descend du haut de l'empirée, conduit au lac le cabaretier au milieu des tempêtes, écarte tous les soldats qui gardaient le rivage, & donne le tems à *Théodote* de repêcher les sept vieilles & de les enterrer.

Le neveu de *Técuse* alla malheureusement tout dire. On saisit *Théodote*, on essaya en vain pendant trois jours tous les supplices pour le faire mourir. On ne put en venir à bout qu'en lui tranchant la tête; opération à laquelle les saints ne résistent jamais.

Il restait de l'enterrer. Son ami le curé *Fronton*, à qui *Théodote* en qualité de cabaretier avait donné deux outres remplis de bon vin, enyvra les gardes & emporta le corps. Alors *Théodote* apparut en corps & en ame au curé; Eh bien, mon ami, lui dit-il, ne t'avais-je pas bien dit que tu aurais des reliques pour ta chapelle?

C'est-là ce que rapporte *St. Nil*, témoin oculaire, qui ne pouvait être ni trompé ni trompeur. C'est-là ce que transcrit *Don Ruinart* comme un acte sincère. Or tout homme sensé, tout chrétien sage, lui demandera si on s'y serait pris autrement pour deshonorer la religion la plus sainte, la plus auguste de la terre, & pour la tourner en ridicule.

Je ne parlerai point des onze mille vierges, je ne discuterai point la fable de la légion

Thébaine, composée, dit l'auteur, de six mille six cent hommes, tous chrétiens venant d'Orient par le mont St. Bernard, martyrisée l'an 286, dans le tems de la paix de l'église la plus profonde, & dans une gorge de montagne où il est impossible de mettre trois cent hommes de front; fable écrite plus de cent cinquante ans après l'événement; fable dans laquelle il est parlé d'un roi de Bourgogne qui n'existait pas; fable enfin reconnue pour absurde par tous les savans qui n'ont pas perdu la raison.

Je m'en tiendrai au prétendu martyre de *St. Romain*.

8°. DU MARTYRE DE ST. ROMAIN.

St. Romain voyageait vers Antioche; il apprend que le juge *Asclepiade* fesait mourir les chrétiens. Il va le trouver, & le défie de le faire mourir. *Asclepiade* le livre aux bourreaux : ils ne peuvent en venir à bout. On prend enfin le parti de le brûler. On apporte des fagots. Des juifs qui passaient se moquent de lui; ils lui disent que DIEU tira de la fournaise *Sidrac*, *Misac* & *Abdenago*; mais que JESUS-CHRIST laisse brûler ses serviteurs. Aussi-tôt il pleut, & le bucher s'éteint.

L'empereur (qui cependant était alors à Rome, & non dans Antioche) dit, *Que le ciel ſe déclare pour St. Romain, & qu'il ne veut rien avoir à démêler avec le* DIEU *du ciel. Voilà*, continue le légendaire, *notre Ananias délivré du feu auſſi-bien que celui des Juifs. Mais Aſclepiade, homme ſans honneur, fit tant par ſes baſſes flatteries, qu'il obtint qu'on couperait la langue à St. Romain. Un médecin qui ſe trouva là coupe la langue au jeune homme, & l'emporte chez lui proprement envelóppée dans un morceau de ſoye.*

Le légendaire ne fait ce qu'il dit avec ſon *Ananias*.

L'anatomie nous apprend, & l'expérience le confirme, qu'un homme ne peut vivre ſans langue.

Romain fut conduit en priſon. On nous a lu pluſieurs fois que le St. Eſprit deſcendit en langue de feu; mais St. Romain qui balbutiait comme Moïſe, tandis qu'il n'avait qu'une langue de chair, commença à parler diſtinctement dès qu'il n'en eut plus.

On alla conter le miracle à Aſclepiade comme il était avec l'empereur. Ce prince ſoupçonna le médecin de l'avoir trompé; le juge menaça le médecin de le faire mourir. Seigneur, lui dit-il, *j'ai encor chez moi la langue que j'ai coupée à cet homme; ordonnez qu'on m'en donne un qui ne ſoit pas comme celui-ci ſous une protection particulière de* DIEU, *permettez que je lui coupe la langue juſqu'à l'endroit où celle-ci a été coupée; s'il n'en meurt pas, je conſens qu'on me faſſe mourir moi-même. Là deſſus on fait venir un homme condamné à mort; & le médecin ayant pris la mesure sur la langue de Romain, coupe à la même distance celle du criminel; mais à peine avait-il retiré son rasoir que le criminel tombe mort. Ainsi le miracle fut avéré à la gloire de* DIEU, *& à la consolation des fidèles.*

Voilà ce que *Don Ruinart* raconte sérieusement; prions DIEU pour le bon sens de *Don Ruinart.*

SECTION SECONDE.

Extrait d'une lettre écrite à un docteur apologiste de Don Ruinart.

1°.

Vous parlez toûjours de martyrs. Eh! Monsieur, ne sentez-vous pas combien cette misérable preuve s'élève contre nous. Insensés & cruels que nous sommes, quels barbares ont jamais fait plus de martyrs que nos barbares ancêtres? Ah! Monsieur, vous n'avez donc pas voyagé! vous n'avez pas vu à Constance la place où *Jérôme* de Prague dit à un des bourreaux du concile qui voulait allumer son bucher par derrière; *Allume par devant; si j'avais craint les flammes, je ne serais pas venu ici.*

Avez-vous jamais passé dans Paris par la Grève, où le conseiller-clerc *Anne Dubourg* neveu du chancelier, chanta des cantiques avant ſon ſupplice ? Savez-vous qu'il fut exhorté à cette héroïque conſtance par une jeune femme de qualité nommée Madame de *la Caille*, qui fut brûlée quelques jours après lui ? Elle était chargée de fers dans un cachot voiſin du ſien, & ne recevait le jour que par une petite grille pratiquée en haut dans le mur qui ſéparait ces deux cachots. Cette femme entendait le conſeiller qui diſputait ſa vie contre ſes juges par les formes des loix. *Laiſſez-là*, lui cria-t elle, *ces indignes formes, craignez-vous de mourir pour votre* DIEU ?

Voilà ce qu'un indigne hiſtorien tel que le jéſuite *Daniel* n'a garde de rapporter, & ce que d'*Aubigné* & les contemporains nous certifient.

Faut-il vous montrer ici la foule de ceux qui furent exécutés à Lyon dans la place des Terraux depuis 1546 ? Faut-il vous faire voir Mlle. de *Cagnon* ſuivant dans une charrette cinq autres charrettes chargées d'infortunés condamnés aux flammes, parce qu'ils avaient le malheur de ne pas croire qu'un homme pût changer du pain en Dieu ? Cette fille malheureuſement perſuadée que la religion réformée eſt la véritable, avait toûjours répandu des largeſſes parmi les pauvres de Lyon. Ils entouraient en pleurant la charrette où elle était traînée chargée de fers. *Hélas !* lui criaient-ils, *nous ne recevrons plus d'aumône de vous. Eh bien*, dit-elle, *vous en re-*

cevrez encor, & elle leur jetta ſes mules de velours que ſes bourreaux lui avaient laiſſées.

Avez-vous vu la place de l'Eſtrapade à Paris ? elle fut couverte ſous *François I* de corps réduits en cendre. Savez-vous comme on les feſait mourir ? on les ſuſpendait à de longues baſcules qu'on élevait & qu'on baiſſait tour-à-tour ſur un vaſte bucher, afin de leur faire ſentir plus longtems toutes les horreurs de la mort la plus douloureuſe. On ne jettait ces corps ſur les charbons ardens que lorſqu'ils étaient preſque entiérement rôtis, & que leurs membres retirés, leur peau ſanglante & conſumée, leurs yeux brûlés, leur viſage défiguré ne leur laiſſaient plus l'apparence de la figure humaine.

Le jéſuite *Daniel* ſuppoſe ſur la foi d'un infame écrivain de ce tems-là, que *François I* dit publiquement qu'il traiterait ainſi le dauphin ſon fils s'il donnait dans les opinions des réformés. Perſonne ne croira qu'un roi qui ne paſſait pas pour un *Néron*, ait jamais prononcé de ſi abominables paroles. Mais la vérité eſt que tandis qu'on feſait à Paris ces ſacrifices de ſauvages qui ſurpaſſent tout ce que l'inquiſition a jamais fait de plus horrible, *François I* plaiſantait avec ſes courtiſans, & couchait avec ſa maîtreſſe. Ce ne ſont pas là, Monſieur, des hiſtoires de *Ste. Potamienne*, de *Ste. Urſule* & des onze mille vierges;

c'est un récit fidèle de ce que l'histoire a de moins incertain.

Le nombre des martyrs réformés soit Vaudois, soit Albigeois, soit Evangéliques, est innombrable. Un de vos ancêtres, du moins un homme de votre nom, *Pierre Bergier*, fut brûlé à Lyon en 1552 avec *René Poyet* parent du chancelier *Poyet*. On jetta dans le même bucher *Jean Chambon*, *Louis Dimonet*, *Loüis De Marsac*, *Etienne De Gravot*, & cinq jeunes écoliers. Je vous ferais trembler si je vous fesais voir la liste des martyrs que les protestans ont conservée.

Pierre Bergier chantait un pseaume de *Marot* en allant au supplice. Dites-nous en bonne foi si vous chanteriez un pseaume latin en pareil cas ? Dites-nous si le supplice de la potence, de la roue ou du feu est une preuve de la religion. C'est une preuve sans doute de la barbarie religieuse. C'est une preuve que d'un côté il y a des bourreaux, & de l'autre des persuadés.

Non, si vous voulez rendre la religion chrétienne aimable, ne parlez jamais de martyrs. Nous en avons fait cent fois, mille fois plus que tous les payens. Nous ne voulons point répéter ici ce qu'on a tant dit des massacres des Albigeois, des habitans de Mérindol, de la St. Barthelemi, de soixante ou quatre-vingt mille Irlandais protestans égorgés, assommés, pendus, brûlés par les catholiques; de ces millions d'Indiens tués comme des lapins dans des garennes aux ordres de quelques moines. Nous frémissons, nous gémissons; mais il faut le dire; parler de martyrs à des chrétiens, c'est parler de gibets & de roues à des bourreaux & à des records.

Que pourions-nous vous représenter encor, Monsieur, après ce tableau aussi vrai qu'épouvantable que vous nous avez forcés de vous tracer de nos mains tremblantes? Oui, à la honte de la nature, il y a encor des fanatiques assez barbares, des hommes assez dignes de l'enfer, pour dire qu'il faut faire périr dans les supplices tous ceux qui ne croyent pas à la religion chrétienne que l'on a tant deshonorée. C'est ainsi que pensent encor les inquisiteurs, tandis que les rois & leurs ministres devenus plus humains, émoussent dans toute l'Europe le fer dont ces monstres sont armés. Un évêque en Espagne a proféré ces paroles devant des témoins respectables de qui nous les tenons; *Le ministre d'état qui a signé l'expulsion des jésuites mérite la mort.* Nous avons vu des gens qui ont toûjours à la bouche ces mots cruels *contrainte* & *châtiment*, & qui disent hautement que le christianisme ne peut se conserver que par la terreur & par le sang.

Je ne veux pas vous citer ici un autre évêque de la plus basse naissance, qui séduit par un fanatique s'est expliqué avec plus de fureur

reur qu'on n'en a jamais reproché aux *Dioclétiens* & aux *Décius*.

La terre entière s'est élevée contre les jésuites, parce qu'ils étaient persécuteurs; mais qu'il se trouve quelque prince assez peu éclairé, assez mal conseillé, assez faible pour donner sa confiance à un capucin, à un cordelier, vous verrez les cordeliers & les capucins aussi insolens, aussi intrigans, aussi persécuteurs, aussi ennemis de la puissance civile que les jésuites l'ont été. Il faut que la magistrature soit partout occupée sans cesse à reprimer les attentats des moines. Il y a maintenant dans Paris un cordelier qui prêche avec la même impudence & la même fureur que le cordelier *Feu-Ardent* prêchait du tems de la ligue.

Quel homme a jamais été plus persécuteur chez ces mêmes cordeliers que leur prédicateur *Poisson ?* Il exerça sur eux un pouvoir si tyrannique, que le ministère fut obligé de le faire déposer de sa place de provincial & de l'exiler. Que n'eût-il point fait contre les laïques ? Mais cet ardent persécuteur était-il un homme persuadé, un fanatique de religion ? Non, c'était le plus hardi débauché qui fût dans tout l'ordre. Il ruina le grand couvent de Paris en filles de joie. Le procès de la femme *Du Moutier* qui redemanda quatre mille francs après la mort de ce moine, existe encor au greffe de la Tournelle criminelle. Percez la muraille du parvis avec *Ezéchiel*, vous verrez des ſerpens, des monſtres & l'abomination de la maiſon d'Iſraël.

MASSACRES.

ARTICLE DE MR. TRENCHARD.

IL eſt peut-être auſſi difficile qu'inutile de ſavoir ſi *mazzacrium*, mot de la baſſe latinité, a fait maſſacre, ou ſi maſſacre a fait *mazzacrium*.

Un maſſacre ſignifie un nombre d'hommes tués. *Il y eut hier un grand maſſacre près de Varſovie, près de Cracovie.* On ne dit point, *il s'eſt fait le maſſacre d'un homme*; & cependant on dit, *un homme a été maſſacré*; en ce cas on entend qu'il a été tué de pluſieurs coups avec barbarie.

La poëſie ſe ſert du mot *maſſacré* pour tué, aſſaſſiné.

Que par ſes propres mains ſon père maſſacré.

CINNA.

Un Anglais a fait un relevé de tous les maſſacres perpétrés pour cauſe de religion depuis les premiers ſiécles de notre ère vulgaire. En voici la traduction.

Les chrétiens avaient déja excité quelques troubles à Rome lorſque l'an 251 de notre ère vulgaire, le prêtre *Novatien* diſputa ce que nous appellons *la chaire de Rome*, la papauté au prêtre *Corneille* : car c'était déja une place importante qui valait beaucoup d'argent. Et préciſément dans le même tems la chaire de Carthage fut diſputée de même par *Cyprien* & un autre prêtre nommé *Novat* qui avait tué ſa femme à coups de pied dans le ventre. *a*) Ces deux ſchiſmes occaſionnèrent beaucoup de meurtres dans Carthage & dans Rome. L'empereur *Décius* fut obligé de réprimer ces fureurs par quelques ſupplices, c'eſt ce qu'on appelle la *grande*, la *terrible perſécution* de Décius. Nous n'en parlerons pas ici ; nous nous bornons aux meurtres commis par les chrétiens ſur d'autres chrétiens. Quand nous ne compterons que deux cent perſonnes tuées ou grièvement bleſſées dans ces deux premiers ſchiſmes qui ont été le modèle de tant d'autres, nous croyons que cet article ne ſera pas trop fort. Poſons donc . . . . 200.

Dès que les chrétiens peuvent ſe livrer impunément à leurs vengeances ſous *Conſtantin*, ils aſſaſſinent le jeune *Candidien* b) fils de

a) *Hiſtoire eccléſiaſtique.*
b) Année 313.

De l'autre part. 200.

l'empereur *Galère*, l'espérance de l'empire, & que l'on comparait à *Marcellus*; un enfant de huit ans fils de l'empereur *Maximin*; une fille du même empereur âgée de sept ans; l'impératrice leur mère fut trainée hors de son palais avec ses femmes dans les rues d'Antioche, & furent jettées avec elle dans l'Oronte. L'impératrice *Valérie* veuve de *Galère* & fille de *Dioclétien* fut tuée à Thessalonique en 315, & eut la mer pour sépulture. . . .

Il est vrai que quelques auteurs n'accusent pas les chrétiens de ce meurtre, & l'imputent à *Licinius*; mais réduisons encor le nombre de ceux que les chrétiens égorgèrent dans cette occasion à deux cent. Ce n'est pas trop. ci. . . . . 200.

Dans le schisme des donatistes en Afrique, on ne peut guères compter moins de quatre cent personnes assommées à coups de massues, car les évèques ne voulaient pas qu'on se batrît à coup d'épées. pose. . . 400.

On sait de quelles horreurs & de combien de guerres civiles le seul

800.

De l'autre part. 800.

mot de *consubstantiel* fut l'origine & le prétexte. Cet incendie embrasa tout l'empire à plusieurs reprises & se ralluma dans toutes les provinces dévastées par les Goths, les Bourguignons, les Vandales pendant près de quatre cent années. Quand nous ne mettrons que trois cent mille chrétiens égorgés par des chrétiens pour cette querelle, sans compter les familles errantes réduites à la mendicité, on ne poura pas nous reprocher d'avoir enflé nos comptes. ci. . 300000.

La querelle des iconoclastes & des iconolâtres n'a pas certainement coûté moins de soixante mille vies. 60000.

Nous ne devons pas passer sous silence les cent mille manichéens que l'impératrice *Théodora*, veuve de *Théophile*, fit égorger dans l'empire Grec en 845. C'était une pénitence que son confesseur lui avait ordonnée, parce que jusqu'à cette époque on n'en avait encor pendu, empâlé, noyé que vingt mille. Ces gens-là méritaient bien qu'on les tuât tous pour leur apprendre qu'il

360800.

De l'autre part. 360800.

n'y a qu'un bon principe & point de mauvais. Le tout se monte à cent vingt mille au moins. ci. . 120000.

N'en comptons que vingt mille dans les séditions fréquentes excitées par les prêtres qui se disputèrent partout des chaires épiscopales. Il faut avoir une extrême discrétion. pose. . . . . . . 20000.

On a supputé que l'horrible folie des saintes croisades avait coûté la vie à deux millions de chrétiens. Mais je veux bien par la plus étonnante réduction qu'on ait jamais faite les réduire à un million. ci. 1000000.

La croisade des religieux chevaliers porte-glaives, qui dévastèrent si honnêtement & si saintement tous les bords de la mer Baltique, doit aller au moins à cent mille morts. ci. . . . . . 100000.

Autant pour la croisade contre le Languedoc, où l'on ne vit longtems que les cendres des buchers & des ossemens de morts dévorés par les loups dans les campagnes. ci. . 100000.

Pour les croisades contre les empereurs depuis *Grégoire VII*, nous

1700800.

De l'autre part. 1700800.

voulons bien n'en compter que trois cent mille. ci. . . 300000.

Le grand ſchiſme d'occident au quatorziéme ſiécle fit périr aſſez de monde pour qu'on rende juſtice à notre modération, ſi nous ne comptons que cinquante mille victimes de la rage papale, *rabbia papale*, comme diſent les Italiens. ci. . 50000.

La dévotion avec laquelle on fit brûler à la fin de ce grand ſchiſme dans la ville de Conſtance les deux prêtres *Jean Hus* & *Jérôme* de Prague, fit beaucoup d'honneur à l'empereur *Sigiſmond* & au concile; mais elle cauſa, je ne ſais comment, la guerre des huſſites, dans laquelle nous pouvons compter hardiment cent cinquante mille morts. ci. 150000.

Après ces grandes boucheries, nous avouons que les maſſacres de Mérindol & de Cabrières ſont bien peu de choſe. Il ne s'agit que de vingt-deux gros bourgs mis en cendres, de dix-huit mille innocens égorgés, brûlés, d'enfans à la mammelle jettés dans les flammes, de filles violées & coupées enſuite

2200800.

De l'autre part. 2200800.

par quartiers, de vieilles femmes qui n'étaient plus bonnes à rien & qu'on fesait sauter en l'air en leur enfonçant des cartouches chargées de poudre dans leurs deux orifices. Mais comme cette petite exécution fut faite juridiquement, avec toutes les formalités de la justice, par des gens en robe, il ne faut pas omettre cette partie du droit français; pose donc. . . . . 18000.

Nous voici parvenus à la plus sainte, à la plus glorieuse époque du christianisme que quelques gens sans aveu voulurent réformer au commencement du seiziéme siécle. Les saints papes, les saints évêques, les saints abbés ayant refusé de s'amender, les deux partis marchèrent sur des corps morts pendant deux siécles entiers, & n'eurent que quelques intervalles de paix.

Si l'ami lecteur voulait bien se donner la peine de mettre ensemble tous les assassinats commis depuis le règne du saint pape *Léon X* jusqu'à celui du saint pape *Clément IX*, assassinats soit juridiques,

2218800

De l'autre part. 2218800.

ſoit non juridiques, têtes de prêtres, de ſéculiers, de princes abattues par le bourreau, le bois renchéri dans pluſieurs provinces par la multitude des buchers allumés, le ſang répandu d'un bout de l'Europe à l'autre, les bourreaux laſſés en Flandre, en Allemagne, en Hollande, en France, en Angleterre même, trente guerres civiles pour la tranſſubſtantiation, la prédeſtination, le ſurplis & l'eau bénite, les maſſacres de la St. Barthelemi, les maſſacres d'Irlande, les maſſacres des Vaudois, les maſſacres des Cévennes &c. &c. &c. &c., on trouverait ſans doute plus de deux millions de morts ſanglantes avec plus de trois millions de familles infortunées, plongées dans une miſère pire, peut-être, que la mort. Mais comme il ne s'agit ici que de morts, paſſons vîte avec horreur, deux millions. ci. . . . . . 2000000.

Ne ſoyons point injuſtes, n'imputons point à l'inquiſition plus de crimes qu'elle n'en a commis en ſurplis & en étole; n'exagérons

4218800.

De l'autre part. 4218800.

rien, réduiſons à deux cent mille le nombre des ames qu'elle a envoyées au ciel ou en enfer. ci. . 200000.

Réduiſons même à cinq millions les douze millions d'hommes que l'évêque *Las Caſas* prétend avoir été immolés à la religion chrétienne dans l'Amérique : & feſons ſurtout la réflexion conſolante qu'ils n'étaient pas des hommes, puiſqu'ils n'étaient pas chrétiens. ci. . 5000000.

Réduiſons avec la même économie les quatre cent mille hommes qui périrent dans la guerre civile du Japon, excitée par les révérends pères jéſuites, ne portons notre compte qu'à trois cent mille. ci. . . . . 300000.

Total 9718800.

Le tout calculé ne montera qu'à la ſomme de neuf millions ſept cent dix-huit mille huit cent perſonnes, ou égorgées, ou noyées, ou brûlées, ou rouées, ou pendues pour l'amour de DIEU.

Qui que tu ſois, lecteur, ſi tu conſerves les archives de ta famille, conſulte-les, & tu verras que tu as eu plus d'un ancêtre immolé au prétexte de la religion, ou du moins cruellement perſécuté (ou perſécuteur, ce qui eſt encor plus funeſte) : t'appelles-tu *Argile*, ou *Perth*, ou *Montroſe*, ou *Hamilton*, ou *Douglas*, ſouvien-toi qu'on arracha le cœur à tes pères ſur un échaffaut pour la cauſe d'une liturgie & de deux aunes de toile. Es-tu Irlandais ? Lis ſeulement la déclaration du parlement d'Angleterre du 25 Juillet 1643 ; elle dit que dans la conjuration d'Irlande il périt cent cinquante-quatre mille proteſtans par les mains des catholiques. Crois, ſi tu veux, avec l'avocat *Brooke*, qu'il n'y eut que quarante mille hommes d'égorgés ſans défenſe, dans le premier mouvement de cette ſainte & catholique conſpiration. Mais quelle que ſoit ta ſupputation, tu deſcens des aſſaſſins ou des aſſaſſinés. Choiſi & tremble. Mais toi, prélat de mon pays, réjouïs-toi, notre ſang t'a valu cinq mille guinées de rente.

J'ai été fortement tenté d'écrire contre cet auteur Anglais ; mais ſon mémoire ne m'ayant point paru enflé, je me ſuis retenu. Au reſte, j'eſpère qu'on n'aura plus de pareils calculs à faire. Mais à qui en aura-t-on l'obligation ?

MATIÈRE.

Dialogue poli entre un énergumène & un philosophe.

L'ÉNERGUMÈNE.

OUi, ennemi de DIEU & des hommes; qui crois que DIEU est tout-puissant, & qu'il est le maître d'ajouter le don de la pensée à tout être qu'il daignera choisir, je vais te dénoncer à monseigneur l'inquisiteur, je te ferai brûler; prends garde à toi, je t'avertis pour la dernière fois.

LE PHILOSOPHE.

Sont-ce là vos argumens? est-ce ainsi que vous enseignez les hommes? j'admire votre douceur.

L'ÉNERGUMÈNE.

Allons, je veux bien m'appaiser un moment en attendant les fagots. Réponds-moi, qu'est-ce que l'esprit?

LE PHILOSOPHE.

Je n'en sais rien.

L'ÉNERGUMÈNE.

Qu'est-ce que la matière?

LE PHILOSOPHE.

Je n'en ſais pas grand choſe. Je la crois étendue, ſolide, réſiſtante, gravitante, diviſible, mobile ; DIEU peut lui avoir donné mille autres qualités que j'ignore.

L'ÉNERGUMÈNE.

Mille autres qualités, traître ; je vois où tu veux venir ; tu vas me dire que DIEU peut animer la matière, qu'il a donné l'inſtinct aux animaux, qu'il eſt le maître de tout.

LE PHILOSOPHE.

Mais il ſe pourait bien faire qu'en effet il eût accordé à cette matière bien des propriétés que vous ne ſauriez comprendre.

L'ÉNERGUMÈNE.

Que je ne ſaurais comprendre, ſcélérat !

LE PHILOSOPHE.

Oui, ſa puiſſance va plus loin que votre entendement.

L'ÉNERGUMÈNE.

Sa puiſſance, ſa puiſſance ! vrai diſcours d'athée.

LE PHILOSOPHE.

J'ai pourtant pour moi le témoignage de pluſieurs ſaints pères.

L'ÉNERGUMÈNE.

Va, va, ni DIEU, ni eux, ne nous empêcheront de te faire brûler vif; c'est un supplice dont on punit les parricides & les philosophes qui ne sont pas de notre avis.

LE PHILOSOPHE.

Est-ce le diable ou toi, qui a inventé cette manière d'argumenter ?

L'ÉNERGUMÈNE.

Vilain possédé, tu oses me mettre de niveau avec le diable !

(Ici l'énergumène donne un grand soufflet au philosophe qui le lui rend avec usure.)

LE PHILOSOPHE.

A moi les philosophes.

L'ÉNERGUMÈNE.

A moi la sainte Hermandad.

(Ici une demi-douzaine de philosophes arrivent d'un côté, & on voit accourir de l'autre cent dominicains avec cent familiers de l'inquisition & cent alguazils. La partie n'est pas tenable.)

MESSIE.

AVERTISSEMENT.

Cet article est de Mr. P. D. B. *d'une ancienne famille noble de France, établie depuis deux cent ans en Suisse. Il est premier pasteur d'une ville célèbre. Sa science est égale à sa piété. Il composa cet article pour le grand Dictionnaire encyclopédique, dans lequel il fut inséré. On en supprima seulement quelques endroits, dont les examinateurs crurent que des catholiques moins savans & moins pieux que l'auteur, pourraient abuser. Il fut reçu avec l'applaudissement de tous les sages.*

On l'imprima en même tems dans un autre petit dictionnaire; & on l'attribua en France à un homme qu'on n'était pas fâché d'inquiéter. On supposa que l'article était impie, parce qu'on le supposait d'un laïque, & on se déchaina contre l'ouvrage & contre l'auteur prétendu. L'homme accusé se contenta de rire de cette méprise. Il voyait avec compassion sous ses yeux cet exemple des erreurs & des injustices que les hommes commettent tous les jours dans leurs jugemens, car il avait le manuscrit du sage & savant prêtre, écrit tout entier de sa main. Il le possède encore. Il sera montré à qui voudra l'examiner. On y verra jusqu'aux ratures faites alors par ce laïque même, pour prévenir les interprétations malignes.

Nous réimprimons donc aujourd'hui cet article dans toute l'intégrité de l'original. Nous en avons retranché pour ne pas répéter ce que nous avons imprimé ailleurs; mais nous n'avons pas ajouté un seul mot.

Le bon de toute cette affaire, c'est qu'un confrère de l'auteur respectable, écrivit les choses du monde les plus ridicules contre cet article de son confrère, croyant écrire contre un ennemi commun. Cela ressemble à ces combats de nuit, dans lesquels on se bat contre ses camarades.

Il est arrivé mille fois que des controversistes ont condamné des passages de St. Augustin, *de* St. Jérôme, *ne sachant pas qu'ils fussent de ces pères. Ils anathématiseraient une partie du nouveau Testament s'ils n'avaient pas ouï dire de qui est ce livre. C'est ainsi qu'on juge trop souvent.*

MEssie, *Messias*, ce terme vient de l'hébreu; il est synonyme au mot grec *Christ*. L'un & l'autre sont des termes consacrés dans la religion, & qui ne se donnent plus aujourd'hui qu'à l'oint par excellence, ce souverain libérateur que l'ancien peuple Juif attendait, après la venue duquel il soupire encore, & que les chrétiens trouvent dans la personne de JESUS fils de *Marie*, qu'ils regar-

regardent comme l'oint du Seigneur, le messie promis à l'humanité; les Grecs employent aussi le mot d'*Elcimmeros* qui signifie la même chose que *Christos*.

Nous voyons dans l'ancien Testament que le mot de *Messie*, loin d'être particulier au libérateur après la venue duquel le peuple d'Israël soupirait, ne l'était pas seulement aux vrais & fideles serviteurs de DIEU, mais que ce nom fut souvent donné aux rois & aux princes idolâtres, qui étaient dans la main de l'Eternel les ministres de ses vengeances, ou des instrumens pour l'exécution des conseils de sa sagesse. C'est ainsi que l'auteur de
l'Ecclésiastique dit d'Elizée, *qui ungis reges ad* Ecclé-
pœnitentiam, ou comme l'ont rendu les Sep- siast. ch.
tante, *ad vindictam. Vous oignez les rois pour* XLVIII.
exercer la vengeance du Seigneur. C'est pour- ℣. 8.
quoi il envoya un prophête pour oindre *Jéhu* roi d'Israël. Il annonça l'onction sacrée à *Hazaël* roi de Damas & de Syrie, ces deux
princes étant les *Messies* du Très-Haut pour IV. des
venger les crimes & les abominations de la Rois, ch.
maison d'*Achab*. XVIII.
℣. 12.
Mais au XLVe d'Esaïe ℣. 1. le nom de 13. 14.
Messie est expressément donné à Cyrus. *Ainsi a dit l'Eternel à Cyrus son oint, son messie, duquel j'ai pris la main droite afin que je terrasse les nations devant lui, &c.*

Ezéchiel au XXVIIIe de ses révélations,

℣. 14. donne le nom de *Messie* au roi de Tyr, qu'il appelle aussi *chérubin*, & parle de lui & de sa gloire dans des termes pleins d'une emphase, dont on sent mieux les beautés qu'on ne peut en saisir le sens. „ Fils de „ l'homme, dit l'Eternel au prophète, pro„ nonce à haute voix une complainte sur „ le roi de Tyr, & lui dis, Ainsi a dit le „ Seigneur l'Eternel, tu étais le sceau de la „ ressemblance de DIEU, plein de sagesse & „ parfait en beautés ; tu as été le jardin „ d'Héden du Seigneur, (ou suivant d'au„ tres versions) tu étais toutes les délices „ du Seigneur ; ta couverture était de pier„ res précieuses de toutes sortes, de sardoine, „ de topaze, de jaspe, de chrysolite, d'onix, „ de beril, de saphir, d'escarboucle, d'éme„ raude & d'or. Ce que savaient faire tes „ tambours & tes flûtes a été chez toi ; ils „ ont été tout prêts au jour que tu fus créé, „ tu as été un chérubin, un *Messie* pour „ servir de protection ; je t'avais établi ; tu „ as été dans la sainte montagne de DIEU, „ tu as marché entre les pierres flamboiantes, „ tu as été parfait en tes voies, dès le jour „ que tu fus créé, jusques à ce que la perver„ sité a été trouvée en toi.

Au reste le nom de *Messiah*, en grec *Christ*, se donnait aux rois, aux prophètes, & aux grands-prêtres des Hébreux. Nous lisons dans le I. des Rois, ch. XII. ℣. 3. *Le Seigneur & son Messie sont témoins*, c'est-à-dire, *le Seigneur & le Roi qu'il a établi.* Et ailleurs, *ne touchez point mes oints, & ne faites aucun mal à mes prophètes.* David, animé de l'esprit de DIEU, donne dans plus d'un endroit à *Saül* son beau-père qui le persécutait, & qu'il n'avait pas sujet d'aimer; il donne, dis-je, à ce roi réprouvé, & de dessus lequel l'esprit de l'Eternel s'était retiré, le nom & la qualité d'Oint, *de Messie* du Seigneur. DIEU *me garde*, dit-il fréquemment, *de porter ma main sur l'oint du Seigneur, sur le Messie de* DIEU.

Si le beau nom de *Messie*, d'oint de l'Eternel, a été donné à des rois idolâtres, à des princes cruels & tyrans, il a été très employé dans nos anciens oracles pour désigner véritablement l'oint du Seigneur, ce Messie par excellence, objet du désir & de l'attente de tous les fidèles d'Israël. Ainsi *Anne* mère de *Samuel* conclut son cantique par ces paroles remarquables, & qui ne peuvent s'appliquer à aucun roi, puisqu'on sait que pour lors les Hébreux n'en avaient point. *Le Seigneur jugera les extrémités de la terre, il donnera l'empire à son Roi, il relèvera la corne de son Christ, de son Messie.* On trouve ce même mot dans les oracles suivans; Psaume II. ℣. 2. Psaume

I Rois, ch. XI. ℣. 10.

XLIV. ℣. 8. Jérémie IV. ℣. 20. Daniel IX. ℣. 16. Habacuc III. ℣. 13.

Que si l'on rapproche tous ces divers oracles, & en général tous ceux qu'on applique pour l'ordinaire au Messie, il en résulte des contrastes en quelque sorte inconciliables, & qui justifient jusqu'à un certain point l'obstination du peuple à qui ces oracles furent donnés.

Comment en effet concevoir avant que l'événement l'eût si bien justifié dans la personne de JESUS fils de *Marie*; comment concevoir, dis-je, une intelligence en quelque sorte divine & humaine tout ensemble, un être grand & abaissé qui triomphe du diable, & que cet esprit infernal, ce prince des puissances de l'air, tente, emporte & fait voyager malgré lui, maître & serviteur, roi & sujet, sacrificateur & victime tout ensemble; mortel & vainqueur de la mort, riche & pauvre, conquérant glorieux dont le règne éternel n'aura point de fin, qui doit soumettre toute la nature par ses prodiges, & cependant qui sera un homme de douleurs, privé des commodités, souvent même de l'absolument nécessaire dans cette vie dont il se dit le roi, & qu'il vient comblé de gloire & d'honneurs, terminant une vie innocente, malheureuse, sans cesse contredite & traverſée, par un ſupplice également honteux & cruel, trouvant même dans cette humiliation, cet abaiſſement extraordinaire, la ſource d'une élévation unique qui le conduit au plus au point de gloire, de puiſſance & de félicité, c'eſt-à-dire, au rang de la première des créatures.

Tous les chrétiens s'accordent à trouver ces caractères en apparence, ſi incompatibles dans la perſonne de JESUS de Nazareth qu'ils appellent le *Chriſt*; ſes ſectateurs lui donnaient ce titre par excellence, non qu'il eût été oint d'une manière ſenſible & matérielle, comme l'ont été anciennement quelques rois, quelques prophètes, & quelques ſacrificateurs, mais parce que l'eſprit divin l'avait déſigné pour ces grands offices, & qu'il avait reçu l'onction ſpirituelle néceſſaire pour cela.

A) Nous en étions là ſur un article auſſi important, lorſqu'un prédicateur Hollandais, plus célebre par cette découverte que par les médiocres productions d'un génie d'ailleurs faible & peu inſtruit, nous a fait voir que notre Seigneur JESUS était le Chriſt, le Meſſie de DIEU, ayant été oint dans les trois plus

A) On ſupprima dans les dictionnaires (depuis A juſqu'à B) tout ce paragraphe concernant le prédicateur Hollandais, parce qu'on le crut hors d'œuvre.

grandes époques de ſa vie, pour être notre roi, notre prophète & notre ſacrificateur.

Lors de ſon batême, la voix du ſouverain maître de la nature le déclare ſon fils, ſon unique, ſon bien-aimé, & par-là même ſon repréſentant.

Sur le Tabor, transfiguré, aſſocié à *Moïſe* & à *Elie*, cette même voix ſurnaturelle l'annonce à l'humanité comme le fils de celui qui anime & envoye les prophêtes, & qui doit être écouté par préférence.

Dans Gethſemané, un ange deſcend du ciel pour le ſoutenir dans les angoiſſes extrêmes où le réduit l'approche de ſon ſupplice; il le fortifie contre les frayeurs cruelles d'une mort qu'il ne peut éviter, & le met en état d'être un ſacrificateur d'autant plus excellent qu'il eſt lui-même la victime innocente & pure qu'il va offrir.

Le judicieux prédicateur Hollandais, diſciple de l'illuſtre *Cocceius*, trouve l'huile ſacramentale de ces diverſes onctions céleſtes, dans les ſignes viſibles que la puiſſance de DIEU fit paraître ſur ſon oint, dans ſon batême *l'ombre de la colombe*, qui repréſentait le St. Eſprit qui deſcendit ſur lui. Au Tabor, *la nue miraculeuſe* qui le couvrit. En Gethſemané, *la ſueur de grumeaux de ſang* dont tout ſon corps fut couvert.

Après cela, il faut pouſſer l'incrédulité à ſon comble pour ne pas reconnaître à ces traits l'oint du Seigneur par excellence, le Meſſie promis ; & l'on ne pourait ſans doute aſſez déplorer l'aveuglement inconcevable du peuple Juif, s'il ne fût entré dans le plan de l'infinie ſageſſe de DIEU, & n'eût été dans ſes vues toutes miſéricordieuſes, eſſentiel à l'accompliſſement de ſon œuvre, & au ſalut de l'humanité. *B*)

Mais auſſi il faut convenir que dans l'état d'oppreſſion ſous lequel gémiſſait le peuple Juif, & après toutes les glorieuſes promeſſes que l'Eternel lui avait fait ſi ſouvent, il devait ſoupirer après la venue d'un Meſſie, l'enviſager comme l'époque de ſon heureuſe délivrance ; & qu'ainſi il eſt en quelque ſorte excuſable de n'avoir pas voulu reconnaître ce libérateur dans la perſonne du Seigneur JESUS, d'autant plus qu'il eſt de l'homme de tenir plus au corps qu'à l'eſprit, & d'être plus ſenſible aux beſoins préſens, que flatté des avantages à venir, & toûjours incertains par-là même.

Au reſte, on doit croire qu'*Abraham*, & aprés lui un aſſez petit nombre de patriarches & de prophètes, ont pu ſe faire une idée de la nature du règne ſpirituel du Meſſie ; mais ces idées durent reſter dans le petit cercle des inſpirés ; & il n'eſt pas étonnant qu'inconnues à la multitude, ces notions ſe ſoient altérées au point que lorſque le Sauveur parut dans la Judée, & peuple & ſes docteurs, ſes princes mêmes, attendaient un monarque, un conquérant, qui par la rapidité de ſes conquêtes devait s'aſſujettir tout le monde; & comment concilier ces idées flatteuſes avec l'état abject, en apparence miſérable de JESUS-CHRIST. Auſſi ſcandaliſés de l'entendre s'annoncer comme le Meſſie, ils le perſécutèrent, le rejettèrent, & le firent mourir par le dernier ſupplice. Depuis ce tems-là, ne voyant rien qui achemine à l'accompliſſement de leurs oracles, & ne voulant point y renoncer, ils ſe livrent à toutes ſortes d'idées plus chimériques les unes que les autres.

Ainſi, lorſqu'ils ont vu les triomphes de la religion chrétienne, qu'ils ont ſenti qu'on pouvait expliquer ſpirituellement, & appliquer à JESUS-CHRIST la plûpart de leurs anciens oracles, ils ſe ſont aviſés, contre le ſentiment de leurs pères, de nier que les paſſages que nous leur alléguons duſſent s'entendre du Meſſie, tordant ainſi nos ſaintes Ecritures à leur propre perte.

Quelques-uns ſoutiennent que leurs oracles ont été mal entendus; qu'en vain on ſoupire après la venue du Meſſie, puiſqu'il eſt déja venu en la perſonne d'*Ezéchias.* C'était le ſentiment du fameux *Hillel.* D'autres plus relâchés, ou cédant avec politique aux tems & aux circonstances, prétendent que la croyance de la venue d'un Messie, n'est point un article fondamental de foi, & qu'en niant ce dogme on ne pervertit point la loi, on ne lui donne qu'une légère atteinte. C'est ainsi que le juif *Albo* disait au pape, que nier la venue du Messie, c'était seulement couper une branche de l'arbre sans toucher à la racine.

Le fameux rabin *Salomon Jarchy* ou *Raschy*, qui vivait au commencement du douziéme siécle, dit dans ses Talmudiques, que les anciens Hébreux ont cru que le Messie était né le jour de la dernière destruction de Jérusalem par les armées Romaines; c'est, comme on dit, appeller le médecin après la mort.

Le rabin *Kimchy* qui vivait aussi au douziéme siécle, annonçait que le *Messie* dont il croyait la venue très prochaine, chasserait de la Judée les chrétiens qui la possédaient pour lors; il est vrai que les chrétiens perdirent la Terre-Sainte; mais ce fut *Saladin* qui les vainquit: pour peu que ce conquérant eût protégé les Juifs, & se fût déclaré pour eux, il est vraisemblable que dans leur entousiasme ils en auraient fait leur Messie.

Les auteurs sacrés, & notre Seigneur JESUS lui-même, comparent souvent le règne du *Messie* & l'éternelle béatitude à des jours de noces, à des festins; mais les talmudistes ont étrangement abusé de ces paraboles ; selon eux, le Messie donnera à son peuple rassemblé dans la terre de Canaan, un repas dont le vin sera celui qu'*Adam* lui-même fit dans le paradis terrestre, & qui se conserve dans de vastes celliers, creusés par les anges au centre de la terre.

On servira pour entrée le fameux poisson, appellé le grand *Léviathan*, qui avale tout d'un coup un poisson moins grand que lui, lequel ne laisse pas d'avoir trois cent lieuës de long ; toute la masse des eaux est portée sur *Léviathan*. DIEU au commencement en créa un mâle & un autre femelle ; mais de peur qu'ils ne renversassent la terre, & qu'ils ne remplissent l'univers de leurs semblables, DIEU tua la femelle, & la sala pour le festin du *Messie*.

Les rabins ajoutent qu'on tuera pour ce repas le taureau *Béhémoth*, qui est si gros qu'il mange chaque jour le foin de mille montagnes : la femelle de ce taureau fut tuée au commencement du monde, afin qu'une espèce si prodigieuse ne se multipliât pas, ce qui n'aurait pu que nuire aux autres créatures ; mais ils assurent que l'Eternel ne la sala pas, parce que la vache salée n'est pas si bonne que la léviathane. Les Juifs ajoutent encor si bien foi à toutes ces rêveries rabiniques, que souvent ils jurent sur leur part du bœuf *Behémoth*, comme quelques chrétiens impies jurent ſur leur part du paradis.

Après des idées ſi groſſières ſur la venue du *Meſſie*, & ſur ſon regne, faut-il s'étonner, ſi les Juifs tant anciens que modernes, & pluſieurs même des premiers chrétiens, malheureuſement imbus de toutes ces rêveries, n'ont pu s'élever à l'idée de la nature divine de l'oint du Seigneur, & n'ont pas attribué la qualité de Dieu au *Meſſie?* Voyez comme les Juifs s'expriment là-deſſus dans l'ouvrage intitulé *Judæi Luſitani quæſtiones ad Chriſtianos* b). „ Reconnaître, diſent-ils, un homme-Dieu, c'eſt „ s'abuſer ſoi-même, c'eſt ſe forger un monſ„ tre, un centaure, le bizarre compoſé de „ deux natures qui ne ſauraient s'allier. " Ils ajoutent que les prophètes n'enſeignent point que le *Meſſie* ſoit homme-Dieu, qu'ils diſtinguent expreſſément entre DIEU & *David*, qu'ils déclarent le premier maître & le ſecond ſerviteur, &c.....

Lorſque le Sauveur parut, les prophéties, quoique claires, furent malheureuſement obſcurcies par les préjugés ſucés avec le lait. JESUS-CHRIST lui-même, ou par ménagement, ou pour ne pas révolter les eſprits, paraît extrêmement réſervé ſur l'article de ſa divinité; *il voulait*, dit St. Chryſoſtome, *accou-*

b) *Quæſt.* I. II. IV. XXIII &c.

tumer insensiblement ses auditeurs à croire un mystère si fort élevé au-dessus de la raison. S'il prend l'autorité d'un Dieu en pardonnant les péchés, cette action soulève tous ceux qui en sont les témoins; ses miracles les plus évidens ne peuvent convaincre de sa divinité, ceux même en faveur desquels il les opère. Lorsque devant le tribunal du souverain sacrificateur, il avoue avec un modeste détour qu'il est le fils de DIEU, le grand-prêtre déchire sa robe & crie au blasphême. Avant l'envoi du St. Esprit, les apôtres ne soupçonnent pas même la divinité de leur cher maître; il les interroge sur ce que le peuple pense de lui; ils répondent, que les uns le prennent pour *Elie*, les autres pour *Jérémie*, ou pour quelqu'autre prophête. *St. Pierre* a besoin d'une révélation particulière pour connaître que JESUS est le Christ, le fils du DIEU vivant.

Les Juifs révoltés contre la divinité de JESUS-CHRIST ont eu recours à toutes sortes de voies pour détruire ce grand mystère; ils détournent le sens de leurs propres oracles, ou ne les appliquent pas au *Messie*; ils prétendent que le nom de *Dieu*, Eloi, n'est pas particulier à la Divinité, & qu'il se donne même par les auteurs sacrés aux juges, aux magistrats, en général à ceux qui sont élevés en autorité; ils citent en effet un très grand nombre de passages des saintes Ecritures, qui justifient cette observation, mais qui ne donnent aucune atteinte aux termes exprès des anciens oracles qui regardent le *Messie*.

Enfin ils prétendent que si le Sauveur, & après lui les évangélistes, les apôtres & les premiers chrétiens, appellent JESUS le fils de DIEU, ce terme auguste ne signifiait dans les tems évangéliques, autre chose que l'opposé des fils de *Bélial*, c'est-à dire, homme de bien, serviteur de DIEU; par opposition à un méchant, un homme qui ne craint point DIEU.

Si les Juifs ont contesté à JESUS-CHRIST la qualité de *Messie* & sa divinité, ils n'ont rien négligé aussi pour le rendre méprisable, pour jetter sur sa naissance, sa vie & sa mort, tout le ridicule & tout l'opprobre qu'a pu imaginer leur criminel acharnement.

De tous les ouvrages qu'a produits l'aveuglement des Juifs, il n'en est point de plus odieux & de plus extravagant que le livre ancien intitulé *Sepher Toldos Jeschut*, tiré de la poussière par Mr. Vagenseil dans le second tome de son ouvrage intitulé *Tela ignea*, *&c.*

C'est dans ce *Sepher Toldos Jeschut*, qu'on lit une histoire monstrueuse de la vie de notre Sauveur forgée avec toute la passion & la mauvaise foi possibles. Ainsi, par exemple, ils ont osé écrire qu'un nommé *Panther* ou *Pandera* habitant de Bethléem, était devenu amoureux d'une jeune femme mariée à *Johanan*. Il eut de ce commerce impur un fils qui fut nommé *Jesua* ou *Jesu*. Le père de cet enfant fut obligé de s'enfuir, & se retira à Babilone. Quant au jeune *Jesu*, on l'envoya aux écoles; mais, ajoute l'auteur, il eut l'insolence de lever la tête, & de se découvrir devant les sacrificateurs, au-lieu de paraître devant eux la tête baissée, & le visage couvert, comme c'était la coutume; hardiesse qui fut vivement tansée; ce qui donna lieu d'examiner sa naissance, qui fut trouvée impure, & l'exposa bientôt à l'ignominie.

Ici le sage & savant auteur détaille les absurdités de ce livre, & les réfute ensuite. Il passe en revue tous les faux messies, & particuliérement *Sabathei Sevi* qui fit tant de bruit en 1666. Voyez son article dans l'*Histoire générale des mœurs & de l'esprit des nations*.

MÉTAPHYSIQUE.

TRans naturam, au delà de la nature. Mais ce qui est au delà de la nature est-il quelque chose? par nature on entend donc *matière*, & métaphysique est ce qui n'est pas matière.

Par exemple, votre raiſonnement qui n'eſt ni long ni large, ni haut, ni ſolide, ni pointu.

Votre ame à vous inconnue qui produit votre raiſonnement.

Les eſprits dont on a toûjours parlé, auxquels on a donné longtems un corps ſi délié qu'il n'était plus corps, & auxquels on a ôté enfin toute ombre de corps, ſans ſavoir ce qui leur reſtait.

La manière dont ces eſprits ſentent ſans avoir l'embarras des cinq ſens, celle dont ils penſent ſans tête, celle dont ils ſe communiquent leurs penſées ſans paroles & ſans ſignes.

Enfin, DIEU que nous connaiſſons par ſes ouvrages, mais que notre orgueil veut définir; DIEU dont nous ſentons le pouvoir immenſe, DIEU entre lequel & nous eſt l'abime de l'infini, & dont nous oſons ſonder la nature.

Ce ſont là les objets de la métaphyſique.

On pourait encor y joindre les principes mêmes des mathématiques, des points ſans étendue, des lignes ſans largeur, des ſurfaces ſans profondeur, des unités diviſibles à l'infini &c.

Bayle lui-même croyait que ces objets étaient des êtres de raiſon; mais ce ne ſont en effet que les choſes matérielles conſidérées dans leurs maſſes, dans leurs ſuperficies, dans leurs ſimples longueurs ou largeurs, dans les extrémités de ces ſimples longueurs ou largeurs. Toutes les meſures ſont juſtes & démontrées, & la métaphyſique n'a rien à voir dans la géométrie.

C'eſt pourquoi on peut être métaphyſicien ſans être géomètre. La métaphyſique eſt plus amuſante; c'eſt ſouvent le roman de l'eſprit. En géométrie, au contraire, il faut calculer, meſurer. C'eſt une gène continuelle, & pluſieurs eſprits ont mieux aimé rêver doucement que ſe fatiguer.

MIRACLES.

DÉfiniſſez les termes, vous dis-je, ou jamais nous ne nous entendrons. *Miraculum res miranda, prodigium, portentum monſtrum.* Miracle, choſe admirable; *prodigium*, qui annonce choſe étonnante; *portentum*, porteur de nouveauté; *monſtrum*, choſe à montrer par rareté.

Voilà les premières idées qu'on eut d'abord des miracles.

Comme on rafine ſur tout, on rafina ſur cette définition; on appella *miracle* ce qui eſt impoſſible à la nature. Mais on ne ſongea pas que c'était dire que tout miracle eſt

eſt réellement impoſſible. Car qu'eſt-ce que la nature ? vous entendez par ce mot l'ordre éternel des choſes. Un miracle ſerait donc impoſſible dans cet ordre. En ce ſens DIEU ne pourait faire de miracle.

Si vous entendez par miracle un effet dont vous ne pouvez voir la cauſe, en ce ſens tout eſt miracle. L'attraction & la direction de l'aimant ſont des miracles continuels. Un limaçon, auquel il revient une tête eſt un miracle. La naiſſance de chaque animal, la production de chaque végétal ſont des miracles de tous les jours.

Mais nous ſommes ſi accoutumés à ces prodiges, qu'ils ont perdu leur nom d'*admirables*, de *miraculeux*. Le canon n'étonne plus les Indiens.

Nous nous ſommes donc fait une autre idée de miracle. C'eſt, ſelon l'opinion vulgaire, ce qui n'était jamais arrivé, & ce qui n'arrivera jamais. Voilà l'idée qu'on ſe forme de la mâchoire d'âne de *Samſon*, des diſcours de l'âneſſe de *Balaam*, de ceux d'un ſerpent avec *Eve*, des quatre chevaux qui enlevèrent *Elie*, du poiſſon qui garda *Jonas* ſoixante & douze heures dans ſon ventre, des dix plaies d'Egypte, des murs de Jérico, du ſoleil & de la lune arrêtés à midi, &c. &c. &c. &c.

Pour croire un miracle, ce n'eſt pas aſſez de l'avoir vu ; car on peut ſe tromper. On appelle un ſot, *témoin de miracles :* & non-ſeulement bien des gens penſent avoir vu ce qu'ils n'ont pas vu, & avoir entendu ce qu'on ne leur a point dit ; non-ſeulement ils ſont témoins de miracles, mais ils ſont ſujets de miracles. Ils ont été tantôt malades, tantôt guéris par un pouvoir ſurnaturel. Ils ont été changés en loups ; ils ont traverſé les airs ſur un manche à balai, ils ont été incubes & ſuccubes.

Il faut que le miracle ait été bien vu par un grand nombre de gens très ſenſés, ſe portant bien, & n'ayant nul intérêt à la choſe. Il faut ſurtout qu'il ait été ſolemnellement atteſté par eux. Car ſi on a beſoin de formalités autentiques pour les actes les plus ſimples, comme l'achat d'une maiſon, un contrat de mariage, un teſtament ; quelles formalités ne faudra-t-il pas pour conſtater des choſes naturellement impoſſibles, & dont le deſtin de la terre doit dépendre ?

Quand un miracle autentique eſt fait, il ne prouve encor rien ; car l'Ecriture vous dit en vingt endroits que des impoſteurs peuvent faire des miracles ; & que ſi un homme après en avoir fait, annonce un autre Dieu que le DIEU des Juifs, il faut le lapider.

On exige donc que la doctrine ſoit appuyée par les miracles, & les miracles par la doctrine.

Ce n'eſt point encor aſſez. Comme un fripon peut prêcher une très bonne morale pour mieux ſéduire, & qu'il eſt reconnu que des fripons, comme les ſorciers de *Pharaon*, peuvent faire des miracles, il faut que ces miracles ſoient annoncés par des prophéties.

Pour être ſûr de la vérité de ces prophéties, il faut les avoir entendu annoncer clairement, & les avoir vu s'accomplir réellement. (Voyez *Prophétie.*) Il faut poſſéder parfaitement la langue dans laquelle elles ſont conſervées.

Il ne ſuffit pas même que vous ſoyez témoin de leur accompliſſement miraculeux : car vous pouvez être trompé par de fauſſes apparences. Il eſt néceſſaire que le miracle & la prophétie ſoient juridiquement conſtatés par les premiers de la nation ; & encor ſe trouvera-t-il des douteurs. Car il ſe peut que la nation ſoit intéreſſée à ſuppoſer une prophétie & un miracle ; & dès que l'intérêt s'en mêle, ne comptez ſur rien. Si un miracle prédit n'eſt pas auſſi public, auſſi avéré qu'une éclipſe annoncée dans l'almanach, ſoyez ſûr que ce miracle n'eſt qu'un tour de gibecière, ou un conte de vieille.

Les miracles des premiers tems du chriſtianiſme ſont inconteſtables; mais ceux qu'on fait aujourd'hui n'ont pas la même autenticité. Citons à ce propos ce que j'ai lu dans un petit livre curieux.

„ On ſouhaiterait, par exemple, pour „ qu'un miracle fût bien conſtaté, qu'il fût „ fait en préſence de l'académie des ſciences „ de Paris, ou de la ſociété royale de Lon- „ dres, & de la faculté de médecine, aſſiſ- „ tées d'un détachement du régiment des „ Gardes, pour contenir la foule du peuple, „ qui pourait par ſon indiſcrétion empêcher „ l'opération du miracle.

„ On demandait un jour à un philoſophe, „ ce qu'il dirait, s'il voyait le ſoleil s'arrê- „ ter, c'eſt-à dire, ſi le mouvement de la „ terre autour de cet aſtre ceſſait; ſi tous les „ morts reſſuſcitaient, & ſi toutes les mon- „ tagnes allaient ſe jetter de compagnie dans „ la mer, le tout pour prouver quelque vérité „ importante, comme par exemple, la grace „ verſatile? Ce que je dirais, répondit le „ philoſophe, je me ferais manichéen; je „ dirais qu'il y a un principe qui défait ce que „ l'autre a fait... "

SECTION SECONDE.

Un gouvernement théocratique ne peut être fondé que sur des miracles, tout doit y être divin. Le grand souverain ne parle aux hommes que par des prodiges; ce sont là ses ministres & ses lettres-patentes. Ses ordres sont intimés par l'Océan qui couvre toute la terre pour noyer les nations, ou qui ouvre le fond de son abîme pour leur donner passage.

Aussi vous voyez que dans l'histoire juive tout est miracle depuis la création d'*Adam* & la formation d'*Eve*, pêtrie d'une côte d'Adam, jusqu'au melch ou roitelet *Saül*.

Au tems de ce *Saül* la théocratie partage encor le pouvoir avec la royauté. Il y a encor par conséquent des miracles de tems en tems; mais ce n'est plus cette suite éclatante de prodiges qui étonnent continuellement la nature. On ne renouvelle point les dix plaies d'Egypte; le soleil & la lune ne s'arrêtent point en plein midi pour donner le tems à un capitaine d'exterminer quelques fuyards déja écrasés par une pluie de pierres tombées des nues. Un *Samson* n'extermine plus mille Philistins avec une mâchoire d'âne. Les ânesses ne parlent plus, les murailles ne tombent plus au son du cornet; les villes ne sont plus abîmées dans un lac par le feu du ciel ; la race humaine n'est plus détruite par le déluge. Mais le doigt de DIEU se manifeste encore ; l'ombre de *Saül* apparait à une magicienne. DIEU lui-même promet à *David* qu'il défera les Philistins à Baal-pharasim.

Rois liv. III. chap. XXII. DIEU *assemble son armée céleste du tems d'Achab*, & *demande aux esprits*, *Qui est-ce qui trompera Achab*, & *qui le fera aller à la guerre contre Ramoth en Galgala ?* & *un esprit s'avança devant le Seigneur*, & *dit*, *Ce sera moi qui le tromperai.* Mais ce ne fut que le prophête Michée qui fut témoin de ce prodige, encor reçut-il un soufflet d'un autre prophête nommé *Sédékias* pour avoir annoncé ce prodige.

Des miracles qui s'opèrent aux yeux de toute la nation, & qui changent les loix de la nature entière, on n'en voit guères jusqu'au tems d'*Elie*, à qui le Seigneur envoya un char de feu & des chevaux de feu qui enlevèrent *Elie* des bords du Jourdain au ciel, sans qu'on sache en quel endroit du ciel.

Depuis le commencement des tems historiques, c'est-à-dire, depuis les conquêtes d'*Alexandre*, vous ne voyez plus de miracles chez les Juifs.

Quand *Pompée* vient s'emparer de Jérusalem, quand *Crassus* pille le temple, quand

Pompée fait paſſer le roi Juif *Alexandre* par la main du bourreau, quand *Antoine* donne la Judée à l'Arabe *Hérode*, quand *Titus* prend d'aſſaut Jéruſalem, quand elle eſt raſée par *Adrien*, il ne ſe fait aucun miracle. Il en eſt ainſi chez tous les peuples de la terre. On commence par la théocratie, on finit par les choſes purement humaines. Plus les ſociétés perfectionnent les connaiſſances, moins il y a de prodiges.

Nous ſavons bien que la théocratie des Juifs était la ſeule véritable, & que celles des autres peuples étaient fauſſes; mais il arriva la même choſe chez eux que chez les Juifs.

En Egypte, du tems de *Vulcain* & de celui d'*Iſis* & d'*Oſiris*, tout était hors des loix de la nature; tout y rentra ſous les *Ptolomées*.

Dans les ſiécles de *Phos*, de *Chryſos* & d'*Epheſte*, les dieux & les mortels converſaient très familiérement en Caldée. Un Dieu avertit le roi *Xixuthre* qu'il y aura un déluge en Arménie, & qu'il faut qu'il bâtiſſe vite un vaiſſeau de cinq ſtades de longueur & de deux de largeur. Ces choſes n'arrivent pas aux *Darius* & aux *Alexandres*.

Le poiſſon *Oannès* ſortait autrefois tous les jours de l'Euphrate pour aller prêcher ſur le rivage. Il n'y a plus aujourd'hui de poiſſon qui prêche. Il eſt bien vrai que *St. Antoine* de Padoue les a prêchés, mais c'eſt un fait qui arrive ſi rarement, qu'il ne tire pas à conſéquence.

Numa avait de longues converſations avec la nymphe *Egerie*; on ne voit pas que *Céſar* en eût avec *Vénus*, quoi qu'il deſcendit d'elle en droite ligne. Le monde va toûjours, dit-on, ſe rafinant un peu.

Mais après s'être tiré d'un bourbier pour quelque tems, il retombe dans un autre; à des ſiécles de politeſſe ſuccèdent des ſiécles de barbarie. Cette barbarie eſt enſuite chaſſée; puis elle reparait; c'eſt l'alternative continuelle du jour & de la nuit.

SECTION TROISIÉME.

De ceux qui ont eu la témérité impie de nier abſolument la réalité des miracles de JESUS-CHRIST.

Parmi les modernes, *Thomas Wolſton* docteur de Cambridge, fut le premier, ce me ſemble, qui oſa n'admettre dans les Evangiles qu'un ſens typique, allégorique, entiérement ſpirituel, & qui ſoutint effrontément qu'aucun des miracles de JESUS n'avait été réellement opéré. Il écrivit ſans méthode, ſans art, d'un ſtile confus & groſſier; mais non pas ſans vigueur. Ses ſix diſcours contre les miracles de JESUS-CHRIST ſe vendaient publiquement à Londres dans ſa propre maiſon. Il en fit en deux ans, depuis 1737 juſqu'à 1739, trois éditions de vingt mille exemplaires chacune; & il eſt difficile aujourd'hui d'en trouver chez les libraires.

Jamais chrétien n'attaqua plus hardiment le chriſtianiſme. Peu d'écrivains reſpectèrent moins le public, & aucun prêtre ne ſe déclara plus ouvertement l'ennemi des prêtres. Il oſait même autoriſer cette haine de celle de JESUS-CHRIST envers les phariſiens & les ſcribes; & il diſait qu'il n'en ſerait pas comme lui la victime, parce qu'il était venu dans un tems plus éclairé.

Il voulut à la vérité juſtifier ſa hardieſſe en ſe ſauvant par le ſens myſtique; mais il employe des expreſſions ſi mépriſantes & ſi injurieuſes, que toute oreille chrétienne en eſt offenſée.

Si on l'en croit, le diable envoyé par JESUS-CHRIST dans le corps de deux mille cochons, eſt un vol fait au propriétaire de ces animaux. Si on en diſait autant de *Mahomet* on le prendrait pour un méchant ſorcier *a vizard*, un eſclave juré du diable, *a ſworn-ſlave to the devil*. Et ſi le maitre des cochons, Tom. I. pag. 38.

& les marchands qui vendaient dans la première enceinte du temple des bêtes pour les
Tom. I. ſacrifices, & que JESUS chaſſa à coups de
Pag. 39 fouet, vinrent demander juſtice quand il
fut arrêté, il eſt évident qu'il dut être condamné, puiſqu'il n'y a point de jurés en
Angleterre qui ne l'euſſent déclaré coupable.

Pag. 52. Il dit la bonne avanture à la Samaritaine
comme un franc Bohémien; cela ſeul ſuffiſait pour le faire chaſſer comme *Tibère* en
uſait alors avec les devins. Je m'étonne,
dit-il, que les Bohémiens d'aujourd'hui, les
Gipſy, ne ſe diſent pas les vrais diſciples de
JESUS, puiſqu'ils font le même métier. Mais
je ſuis fort aiſe qu'il n'ait pas extorqué de
l'argent de la Samaritaine comme font nos
prêtres modernes, qui ſe font largement payer
Pag. 55. pour leurs divinations.

Je ſuis les numero des pages. L'auteur
paſſe de là à l'entrée de JESUS-CHRIST dans
Pag. 65. Jéruſalem. On ne ſait, dit-il, s'il était monté
ſur un âne, ou ſur une âneſſe, ou ſur un
ânon, ou ſur tous les trois à la fois.

Pag. 66. Il compare JESUS tenté par le diable à
St. Dunſtan qui prit le diable par le nez, &
il donne à *St. Dunſtan* la préférence.

A l'article du miracle du figuier ſéché pour
n'avoir pas porté des figues hors de la ſai-

son ; c'était, dit-il, un vagabond, un gueux, tel qu'un frère quêteur, *a wanderer a mendicant like a fryar*, & qui avant de se faire prédicateur de grand chemin, n'avait été qu'un misérable garçon charpentier, *no better than a journey man carpenter.* Il est surprenant que la cour de Rome n'ait pas parmi ses reliques quelque ouvrage de sa façon, un escabeau, un casse-noisette. En un mot, il est difficile de pousser plus loin le blasphême. Troisième discours pag 8.

Il s'égaye sur la piscine probatique de Betsaïda, dont un ange venait troubler l'eau tous les ans. Il demande comment il se peut que ni *Flavien Joseph*, ni *Philon* n'ayent point parlé de cet ange, pourquoi *St. Jean* est le seul qui raconte ce miracle annuel, par quel autre miracle aucun Romain ne vit jamais cet ange, & n'en entendit jamais parler. Pag. 60.

L'eau changée en vin aux noces de Cana, excite, selon lui, le rire & le mépris de tous les hommes qui ne sont pas abrutis par la superstition.

Quoi ! s'écrie-t-il, *Jean* dit expressément que les convives étaient déja yvres, *methus tosi* ; & DIEU descendu sur la terre opère son premier miracle pour les faire boire encore ! Quatrième discours pag. 31.

DIEU fait homme commence sa mission par assister à une noce de village. Il n'est pas certain que JESUS & sa mère fussent yvres
Pag. 32. comme le reste de la compagnie. *Whether Jesus and his mother them selve were all cut as were others of the company, it is not certain.* Quoique la familiarité de la dame avec un soldat fasse présumer qu'elle aimait la bouteille, il parait cependant que son fils était en pointe de vin, puisqu'il lui répondit avec
Pag. 34. tant d'aigreur & d'insolence, *Waspishly and snappishly.* Femme, qu'ai je à faire à toi ? Il parait par ces paroles que *Marie* n'était point vierge, & que JESUS n'était point son fils; autrement, JESUS n'eût point ainsi insulté son père & sa mère, & violé un des plus sacrés commandemens de la loi. Cependant, il fait ce que sa mère lui demande, il remplit dix-huit cruches d'eau & en fait du punch. Ce sont les propres paroles de *Thomas Wolston.* Elles saisissent d'indignation toute ame chrétienne.

C'est à regret, c'est en tremblant que je rapporte ces passages; mais il y en a eu soixante mille exemplaires de ce livre, portant tous le nom de l'auteur, & tous vendus publiquement chez lui. On ne peut pas dire que je le calomnie.

C'est aux morts ressuscités par JESUS-CHRIST qu'il en veut principalement. Il affirme qu'un mort ressuscité eût été l'objet de l'attention & de l'étonnement de l'univers; que toute la magistrature juive, que surtout *Pilate* en auraient fait les procès verbaux les plus autentiques; que *Tibère* ordonnait à tous les proconsuls, préteurs, présidens des provinces de l'informer exactement de tout; qu'on aurait interrogé *Lazare* qui avait été mort quatre jours entiers, qu'on aurait voulu savoir ce qu'était devenue son ame pendant ce tems-là.

Avec quelle curiosité avide *Tibère*, & tout le sénat de Rome ne l'eût-il pas interrogé; & non-seulement lui, mais la fille de *Jaïr* & le fils de *Naïm?* Trois morts rendus à la vie auraient été trois témoignages de la divinité de JESUS, qui auraient rendu en un moment le monde entier chrétien. Mais au contraire, tout l'univers ignore pendant plus de deux siécles ces preuves éclatantes. Ce n'est qu'au bout de cent ans que quelques hommes obscurs se montrent les uns aux autres dans le plus grand secrét les écrits qui contiennent ces miracles. Quatre-vingt-neuf empereurs, en comptant ceux à qui on ne donna que le nom de *tyrans*, n'entendent jamais parler de ces résurrections qui devaient tenir toute la nature dans la surprise. Ni l'historien juif *Flavien Joseph*, ni le savant *Philon*, ni aucun historien Grec ou Romain ne fait mention de ces prodiges. Enfin, *Wolf-*

ton a l'impudence de dire que l'hiſtoire du Lazare eſt ſi pleine d'abſurdités, que St. Jean radotait quand il l'écrivit. *Is ſo brimfull of abſurdities that St. John, when he wrote it had livd beyand his ſenſes.* pag. 38. tom. II.

Tom. II. pag. 47. Suppoſons, dit Wolſton, que DIEU envoyât aujourd'hui un ambaſſadeur à Londres pour convertir le clergé mercénaire, & que cet ambaſſadeur reſſuſcitât des morts, que diraient nos prêtres?

Il blaſphême l'incarnation, la réſurrection, l'aſcenſion de JESUS-CHRIST ſuivant les mêmes principes. Il appelle ces miracles, l'impoſture la plus effrontée & la plus manifeſte qu'on ait jamais produite dans le monde. *The moſt manifeſt, & the moſt barefaced impoſture that ever was put upon the world.*

Tom. II. diſcours VI, p. 27.

Ce qu'il y a peut-être de plus étrange encore, c'eſt que chacun de ces diſcours eſt dédié à un évêque. Ce ne ſont pas aſſurément des dédicaces à la françaiſe. Il n'y a ni compliment ni flatterie. Il leur reproche leur orgueil, leur avarice, leur ambition, leurs cabales; il rit de les voir ſoumis aux loix de l'état comme les autres citoyens.

A la fin, ces évêques laſſés d'être outragés par un ſimple membre de l'univerſité de Cambridge, implorèrent contre lui les loix auxquels ils sont assujettis. Ils lui intentèrent procès au banc du roi pardevant le lord justice *Raimon* en 1739. *Wolston* fut mis en prison & condamné à donner caution pour cent cinquante livres sterling. Il ne mourut point en prison, comme il est dit dans quelques-uns de nos dictionnaires faits au hazard. Il mourut chez lui à Londres après avoir prononcé ces paroles, *This is a pass that every man must come to.* C'est un pas que tout homme doit faire.

Quelque tems avant sa mort, une dévote le rencontrant dans la rue, lui cracha au visage; il s'essuia, & la salua. Ses mœurs étaient simples & douces; il s'était trop entêté du sens mystique, & avait blasphémé le sens littéral. Mais il est à croire qu'il se repentit à la mort, & que DIEU lui a fait miséricorde.

En ce même tems parut en France le testament de *Jean Mêlier* curé de But & d'Etrepigni en Champagne, duquel nous avons déja parlé à l'article *Contradiction.*

C'était une chose bien étonnante & bien triste, que deux prêtres écrivissent en même tems contre la religion chrétienne. Le curé *Mêlier* est encor plus emporté que *Wolston*; & ce qui est plus déplorable, c'est qu'il écrivait des blasphêmes contre JESUS-CHRIST presque dans les bras de la mort. Trop pénétré de quelques injustices de ses supérieurs, trop frappé des grandes difficultés qu'il trouvait dans l'Ecriture, il se déchaina contre elle. On a imprimé plusieurs abrégés de son livre : mais heureusement, ceux qui ont en main l'autorité, les ont supprimés autant qu'ils l'ont pu.

Un curé de Bonne-Nouvelle près de Paris écrivit encor sur le même sujet ; de sorte qu'en même tems l'abbé *Becheran* & les autres convulsionnaires fesaient des miracles, & trois prêtres écrivaient contre les miracles véritables.

Le livre le plus fort contre les miracles & contre les prophéties, est celui de mylord *Bolingbroke*. a) Mais par bonheur, il est si volumineux, si dénué de méthode, son stile est si verbeux, ses phrases si longues, qu'il faut une extrême patience pour le lire.

Il s'est trouvé des esprits qui étant enchantés des miracles de *Moïse* & de *Josué*, n'ont pas eu pour ceux de JESUS-CHRIST la vénération qu'on leur doit ; leur imagination élevée par le grand spectacle de la mer, qui ouvrait ses abimes & qui suspendait ses flots pour laisser passer la horde hébraïque ; par les dix plaies d'Egypte, par les astres qui s'arrêtaient dans leur course sur Gabaon

a) En six volumes.

Gabaon & ſur Aïalon &c. ne pouvait plus ſe rabaiſſer à de petits miracles comme de l'eau changée en vin, un figuier ſeché, des cochons noyés dans un lac.

Vaghenſel diſait avec impiété, que c'était entendre une chanſon de village au ſortir d'un grand concert.

Le Talmud prétend qu'il y a eu beaucoup de chrétiens qui, comparant les miracles de l'ancien Teſtament à ceux du nouveau, ont embraſſé le judaïſme : ils croyaient qu'il n'eſt pas poſſible que le maître de la nature eût fait tant de prodiges pour une religion qu'il voulait anéantir. Quoi ! diſaient-ils, il y aura eu pendant des ſiécles une ſuite de miracles épouvantables en faveur d'une religion véritable qui deviendra fauſſe ! quoi ! DIEU même aura écrit que cette religion ne périra jamais, & qu'il faut lapider ceux qui voudront la détruire ! & cependant il enverra ſon propre fils, qui eſt lui-même, pour anéantir ce qu'il a édifié pendant tant de ſiécles !

Il y a bien plus ; ce fils, continuent-ils, ce DIEU éternel s'étant fait juif, eſt attaché à la religion juive pendant toute ſa vie ; il en fait toutes les fonctions, il fréquente le temple juif, il n'annonce rien de contraire à la loi juive, tous ſes diſciples ſont juifs, tous obſervent les cérémonies juives. Ce n'eſt certainement pas lui, diſent-ils, qui a établi la religion chrétienne ; ce sont des juifs dissidens qui se sont joints à des platoniciens. Il n'y a pas un dogme du christianisme qui ait été prêché par JESUS-CHRIST.

C'est ainsi que raisonnent ces hommes téméraires, qui ayant à la fois l'esprit faux & audacieux, osent juger les œuvres de DIEU, & n'admettent les miracles de l'ancien Testament que pour rejetter tous ceux du nouveau.

De ce nombre fut malheureusement ce malheureux prêtre de Pont-à-Mousson en Lorraine, nommé *Nicolas Antoine* ; on ne lui connait point d'autre nom. Ayant reçu ce qu'on appelle les *quatre mineurs* en Lorraine, le prédicant *Ferri* en passant à Pont-à-Mousson lui donna de grands scrupules, & lui persuada que les quatre mineurs étaient le signe de la bête. *Antoine* desespéré de porter le signe de la bête, le fit effacer par *Ferri*, embrassa la religion protestante, & fut ministre à Genève vers l'an 1630.

Plein de la lecture des rabins, il crut que si les protestans avaient raison contre les papistes, les juifs avaient bien plus raison contre toutes les sectes chrétiennes. Du village de Divonne où il était pasteur, il alla se faire recevoir juif à Venise, avec un petit apprentif en théologie qu'il avait persuadé, & qui après l'abandonna, n'ayant point de vocation pour le martyre.

D'abord le ministre *Nicolas Antoine* s'abstint de prononcer le nom de JESUS-CHRIST dans ses sermons & dans ses prières. Mais bientôt échauffé & enhardi par l'exemple des saints juifs qui professaient hardiment le judaïsme devant les princes de Tyr & de Babilone, il s'en alla pieds nuds à Genève confesser devant les juges & devant les commis des halles, qu'il n'y a qu'une seule religion sur la terre, parce qu'il n'y a qu'un DIEU; que cette religion est la juive, qu'il faut absolument se faire circoncire; que c'est un crime horrible de manger du lard & du boudin. Il exhorta patétiquement tous les Genevois qui s'attroupèrent, à cesser d'être enfans de Bélial, à être bons juifs, afin de mériter le royaume des cieux. On le prit, on le lia.

Le petit conseil de Genève, qui ne fesait rien alors sans consulter le conseil des prédicans, leur demanda leur avis. Les plus sensés de ces prêtres opinèrent à faire saigner *Nicolas Antoine* à la veine céphalique, à le baigner & le nourrir de bons potages, après quoi on l'accoutumerait insensiblement à prononcer le nom de JESUS-CHRIST, ou du moins à l'entendre prononcer sans grincer les dents comme il lui arrivait toûjours. Ils ajoutèrent que les loix souffraient les juifs, qu'il y en avait huit mille à Rome, que beaucoup de marchands sont de vrais juifs; & que puisque Rome admettait huit mille enfans de la synagogue, Genève pouvait bien en tolérer un. A ce mot de *tolérance*, les autres pasteurs en plus grand nombre, grinçant des dents beaucoup plus qu'*Antoine* au nom de JESUS-CHRIST, & charmés d'ailleurs de trouver une occasion de pouvoir faire brûler un homme, ce qui arrivait très rarement, furent absolument pour la brûlure. Ils décidèrent que rien ne servirait mieux à raffermir le véritable christianisme; que les Espagnols n'avaient acquis tant de réputation dans le monde que parce qu'ils fesaient brûler des juifs tous les ans; & qu'après tout, si l'ancien Testament devait l'emporter sur le nouveau, DIEU ne manquerait pas de venir éteindre lui-même la flamme du bucher, comme il fit dans Babilone pour *Sidrac*, *Misac* & *Abdenago*; qu'alors on reviendrait à l'ancien Testament; mais qu'en attendant il falait absolument brûler *Nicolas Antoine*.

Partant, ils conclurent *à ôter le méchant*; ce sont leurs propres paroles.

Le syndic *Sarasin* & le syndic *Godefroi*, qui étaient de bonnes têtes, trouvèrent le raisonnement du sanhédrin Genevois admirable; & comme les plus forts, ils condamnèrent *Nicolas Antoine* le plus faible, à mourir de la mort de *Calanus* & du conseiller *Dubourg*. Cela fut exécuté le 20 Avril 1632 dans une très belle place champêtre appellée *Plain-palais*, en présence de vingt mille hommes qui bénissaient la nouvelle loi, & le grand sens du syndic *Sarasin* & du syndic *Godefroi*.

Le DIEU d'*Abraham*, d'*Isaac* & de *Jacob* ne renouvella point le miracle de la fournaise de Babilone en faveur d'*Antoine*.

Abauzit, homme très véridique, rapporte dans ses notes, qu'il mourut avec la plus grande constance, & qu'il persista sur le bucher dans ses sentimens. Il ne s'emporta point contre ses juges lorsqu'on le lia au poteau; il ne montra ni orgueil ni bassesse, il ne pleura point, il ne soupira point, il se résigna. Jamais martyr ne consomma son sacrifice avec une foi plus vive; jamais philosophe n'envisagea une mort horrible avec plus de fermeté. Cela prouve évidemment que sa folie n'était autre chose qu'une forte persuasion. Prions le DIEU de l'ancien & du nouveau Testament de lui faire miséricorde.

J'en dis autant pour le jésuite *Malagrida* qui était encor plus fou que *Nicolas Antoine*, pour l'ex-jésuite *Patouillet* & pour l'ex-jésuite *Paulian*, si jamais on les brûle.

Des écrivains en grand nombre qui ont eu le malheur d'être plus philosophes que chrétiens, ont été assez hardis pour nier les miracles de notre Seigneur. Mais après les quatre prêtres dont nous avons parlé, il ne faut plus citer personne. Plaignons ces quatre infortunés aveuglés par leurs lumières trompeuses, & animés par leur mélancolie qui les précipita dans un abîme si funeste.

MIRACLES MODERNES.

SECTION QUATRIÉME.

Tirée d'une lettre déja imprimée de Mr. *Thero* aumônier de Mr. le comte de *Benting*, contre les miracles des convulsionnaires.

(*Nous n'aurions jamais osé réimprimer cette plaisanterie sur les miracles modernes, si un grand prince n'avait voulu absolument qu'on l'imprimât comme une chose très innocente qui ne fait aucun tort aux miracles anciens, & qui délasse l'esprit sans intéresser la foi. Cependant nous déclarons que nous n'approuvons point du tout cette plaisanterie.*)

Si son excellence monsieur le comte n'est pas persuadé de l'autenticité de nos miracles, en récompense son excellence madame la comtesse avait une foi qui était bien consolante. J'ai eu l'agrément de lire quelquefois *St. Matthieu* avec elle, quand monseigneur lisait *Cicéron*, *Virgile*, *Epictète*, *Horace* ou *Marc-Antonin* dans son cabinet. Nous en étions un jour à ces paroles du chap. XVII.

Je vous dis en vérité que quand vous aurez de la foi gros comme un grain de moutarde, vous direz à une montagne, range-toi de là, & aussi-tôt la montagne se transportera de sa place. Ces paroles excitèrent la curiosité, & le zèle de madame. Voilà une belle occasion, me dit-elle, de convertir monsieur mon mari. Nous avons ici près une montagne qui nous cache la plus belle vue du monde : vous avez de la foi plus qu'il n'y en a dans toute la moutarde de Dijon qui est dans mon office ; j'en ai aussi : disons un mot à la montagne, & sûrement nous aurons le plaisir de la voir se promener par les airs. J'ai lu dans l'histoire de *St. Dunstan*, qui est un fameux saint du pays du jésuite *Néedham*, qu'il fit venir un jour une montagne d'Irlande en Basse-Bretagne, lui donna sa bénédiction & la renvoya chez elle. Je ne doute pas que vous n'en fassiez autant que *St. Dunstan*, vous qui êtes réformé.

Je m'excusai longtems sur mon peu de crédit auprès du ciel & des montagnes. Si Mr. *Clap.* professeur en théologie était ici, lui dis-je, il ne manquerait pas sans doute de faire ce que vous proposez ; il y a même tel syndic qui en un besoin serait capable de vous donner ce divertissement ; mais songez que je ne suis qu'un pauvre proposant, un jeune chapelain qui n'a fait encor aucun miracle, & qui doit se défier de ses forces.

Il y a commencement à tout, me répliqua madame la comtesse, & je veux absolument que vous me transportiez ma montagne. Je me défendis longtems, cela lui donna un peu de dépit; vous faites, me dit-elle, comme les gens qui ont une belle voix & qui refusent de chanter quand on les en prie. Je répondis que j'étais enrhumé, & que je ne pouvais chanter. Enfin, elle me dit en colère que j'avais d'assez gros gages pour être complaisant, & pour faire des miracles quand une femme de qualité m'en demandait. Je lui représentai encor avec soumission mon peu d'adresse dans cet art. Comment, dit-elle, *Jean-Jacques Rousseau* qui n'est qu'un misérable laïque, se vante dans ses lettres imprimées d'avoir fait des miracles à Venise, & vous ne men ferez pas? vous qui avez la dignité de mon chapelain, & à qui je donne le double des appointemens que *Jean-Jacques* touchait de Mr. *Languet de Gergi* son maître, ambassadeur de France.

Enfin je me rendis; nous priâmes la montagne l'un & l'autre avec dévotion de vouloir bien marcher. Elle n'en fit rien; le rouge monta au visage de madame. Elle est très altière, & veut fortement ce qu'elle veut.

Il se pourait faire, me dit-elle, qu'on dût entendre selon vos principes le contraire de ce qu'on lit dans le texte. Il est dit qu'avec un peu de moutarde de foi, on transportera une montagne; cela signifie peut-être qu'avec une montagne de foi on transportera un peu de moutarde. Elle ordonna sur le champ à son maître-d'hôtel d'en faire venir un pot. Pour moi, la moutarde me montait au nez; je fis ce que je pus pour empêcher madame de faire cette expérience de physique; elle n'en démordit point, & fut attrapée à sa moutarde, comme elle l'avait été à sa montagne.

Tandis que nous fesions cette opération, arriva monsieur le comte, qui fut assez surpris de voir un pot de moutarde à terre entre madame la comtesse & moi. Elle lui apprit de quoi il était question. Mr. le comte avec un ton, moitié sérieux, moitié railleur, lui dit que les miracles avaient cessé depuis la réforme; qu'on n'en avait plus besoin, & qu'un miracle aujourd'hui est de la moutarde après diné. Ce mot seul dérangea toute la dévotion de madame la comtesse. Il ne faut quelquefois qu'une plaisanterie pour décider de la manière dont on pensera le reste de sa vie.

Madame la comtesse depuis ce moment là, crut aussi peu aux miracles modernes que son mari. De forte que je me trouve aujourd'hui le feul homme du château qui ait le fens commun, c'eft-à-dire, qui croye aux miracles.

NOUS RÉPÉTONS EXPRESSÉMENT QUE CETTE RAILLERIE EST TROP FORTE, QUOIQU'ELLE SOIT DE MR. THERO, ET QUE S'IL Y EN A DANS LE CURÉ RABELAIS ET DANS LE DOYEN SWIFT D'INFINIMENT PLUS HARDIES, CELA PEUT SEULEMENT DIMINUER LA FAUTE DE MR. THERO, MAIS NON PAS LA JUSTIFIER.

MONDE.

DU MEILLEUR DES MONDES POSSIBLES.

En courant de tous côtés pour m'inftruire, je rencontrai un jour des difciples de *Platon*. Venez avec nous, me dit l'un d'eux; vous êtes dans le meilleur des mondes; nous avons bien furpaffé notre maître. Il n'y avait de fon tems que cinq mondes poffibles, parce qu'il n'y a que cinq corps réguliers; mais actuellement qu'il y a une infinité d'univers poffibles, DIEU a choifi le meilleur; venez, & vous vous en trouvérez bien. Je lui répondis humblement: Les mondes que DIEU pouvait créer, étaient ou meilleurs, ou parfaitement égaux, ou pires ; il ne pouvait prendre le pire ; ceux qui étaient égaux, ſuppoſé qu'il y en eût, ne valaient pas la préférence ; ils étaient entiérement les mêmes : on n'a pu choiſir entre eux : prendre l'un, c'eſt prendre l'autre. Il était donc impoſſible qu'il ne prît pas le meilleur. Mais comment les autres étaient-ils poſſibles, quand il était impoſſible qu'ils exiſtaſſent ?

Il me fit de très belles diſtinctions, aſſurant toûjours ſans s'entendre, que ce monde-ci eſt le meilleur de tous les mondes réellement impoſſibles. Mais me ſentant alors tourmenté de la pierre, & ſouffrant des douleurs inſupportables, les citoyens du meilleur des mondes me conduiſirent à l'hôpital voiſin. Chemin fêſant, deux de ces bienheureux habitans furent enlevés par des créatures leurs ſemblables : on les chargea de fers, l'un pour quelques dettes, l'autre ſur un ſimple ſoupçon. Je ne ſais pas ſi je fus conduit dans le meilleur des hôpitaux poſſibles ; mais je fus entaſſé avec deux ou trois mille miſérables qui ſouffraient comme moi. Il y avait là pluſieurs défenſeurs de la patrie, qui m'apprirent qu'ils avaient été trépanés & diſſéqués vivans, qu'on leur avait coupé des bras, des jambes, & que pluſieurs milliers de leurs généreux compatriotes avaient été maſſacrés dans l'une des trente batailles données dans la dernière guerre, qui eſt environ la cent-milliéme guerre depuis que nous connaiſſons des guerres. On voyait auſſi dans cette maiſon environ mille perſonnes des deux ſexes qui reſſemblaient à des ſpectres hideux, & qu'on frottait d'un certain métal, parce qu'ils avaient ſuivi la loi de la nature, & parce que la nature avait je ne ſais comment pris la précaution d'empoiſonner en eux la ſource de la vie. Je remerciai mes deux conducteurs.

Quand on m'eut plongé un fer bien tranchant dans la veſſie, & qu'on eut tiré quelques pierres de cette carrière; quand je fus guéri, & qu'il ne me reſta plus que quelques incommodités douloureuſes pour le reſte de mes jours, je fis mes repréſentations à mes guides; je pris la liberté de leur dire qu'il y avait du bon dans ce monde, puiſqu'on m'avait tiré quatre cailloux du ſein de mes entrailles déchirées; mais que j'aurais encore mieux aimé que les veſſies euſſent été des lanternes, que non pas qu'elles fuſſent des carrières. Je leur parlai des calamités & des crimes innombrables qui couvrent cet excellent monde. Le plus intrépide d'entre eux, qui était un Allemand, mon compatriote, m'apprit que tout cela n'eſt qu'une bagatelle.

Ce fut, dit-il, une grande faveur du ciel envers le genre-humain, que *Tarquin* viofât *Lucrèce*, & que *Lucrèce* ſe poignardât, parce qu'on chaſſa les tyrans, & que le viol, le ſuicide & la guerre établirent une république qui fit le bonheur des peuples conquis. J'eus peine à convenir de ce bonheur. Je ne conçus pas d'abord quelle était la félicité des Gaulois & des Eſpagnols, dont on dit que *Céſar* fit périr trois millions. Les dévaſtations & les rapines me parurent auſſi quelque choſe de déſagréable. Mais le défenſeur de l'Optimiſme n'en démordit point ; il me diſait toûjours comme le geolier de Don Carlos ; *paix*, *paix*, *c'eſt pour votre bien*. Enfin, étant pouſſé à bout, il me dit qu'il ne falait pas prendre garde à ce globule de la terre, où tout va de travers ; mais que dans l'étoile de *Sirius*, dans *Orion*, dans l'œil du *Taureau*, & ailleurs, tout eſt parfait. Allons-y donc, lui dis-je.

Un petit théologien me tira alors par le bras ; il me confia que ces gens-là étaient des rêveurs, qu'il n'était point du tout néceſſaire qu'il y eût du mal ſur la terre, qu'elle avait été formée exprès pour qu'il n'y eût jamais que du bien ; & pour vous le prouver, ſachez que les choſes ſe paſſèrent ainſi autrefois pendant dix ou douze jours. Hélas ! lui répondis-je, c'eſt bien dommage, mon révérend père, que cela n'ait pas continué.

MORALE.

BAvards prédicateurs, extravagans controversistes, tâchez de vous souvenir que votre maître n'a jamais annoncé que le sacrement était le signe visible d'une chose invisible; il n'a jamais admis quatre vertus cardinales & trois théologales; il n'a jamais examiné si sa mère était venue au monde maculée ou immaculée; il n'a jamais dit que les petits enfans qui mouraient sans batême seraient damnés. Cessez de lui faire dire des choses auxquelles il ne pensa point. Il a dit, selon la vérité aussi ancienne que le monde, Aimez DIEU & votre prochain; tenez-vous-en là misérables ergoteurs, prêchez la morale & rien de plus. Mais observez-la cette morale; que les tribunaux ne retentissent plus de vos procès; n'arrachez plus par la griffe d'un procureur un peu de farine à la bouche de la veuve & de l'orphelin. Ne disputez plus un petit bénéfice avec la même fureur qu'on disputa la papauté dans le grand schisme d'Occident. Moines, ne mettez plus (autant qu'il est en vous) l'univers à contribution; & alors nous pourons vous croire.

MOYSE.

LA philoſophie dont on a quelquefois paſſé les bornes, les recherches de l'antiquité, l'eſprit de diſcuſſion & de critique, ont été pouſſés ſi loin, qu'enfin pluſieurs ſavans ont douté s'il y avait jamais eu un *Moyſe*, & ſi cet homme n'était pas un être fantaſtique tels que l'ont été probablement, *Perſée*, *Bacchus*, *Atlas*, *Penthéſilée*, *Veſta*, *Rhéa Sylvia*, *Iſis*, *Sammonocodom*, *Fo*, *Mercure Triſmégiſte*, *Odin*, *Merlin*, *Francus*, *Robert* le diable & tant d'autres héros de romans, dont on a écrit la vie & les prouëſſes.

Il n'eſt pas vraiſemblable, diſent les incrédules, qu'il ait exiſté un homme dont toute la vie eſt un prodige continuel.

Il n'eſt pas vraiſemblable qu'il eût fait tant de miracles épouvantables en Egypte, en Arabie & en Syrie, ſans qu'ils euſſent retentis dans toute la terre.

Il n'eſt pas vraiſemblable qu'aucun écrivain Egyptien, ou Grec, n'eût tranſmis ces miracles à la poſtérité. Il n'en eſt cependant fait mention que par les ſeuls Juifs: & dans quelque tems que cette hiſtoire ait été écrite par eux, elle n'a été connue d'aucune nation que vers le ſecond ſiécle. Le premier auteur qui cite expressément les livres de Moyse, est *Longin* ministre de la reine *Zénobie* du tems de l'empereur *Aurélien*.

Il est à remarquer que l'auteur du *Mercure Trismégiste*, qui certainement était Egyptien, ne dit pas un seul mot de ce *Moyse*

Si un seul auteur ancien avait rapporté un seul de ces miracles, *Eusèbe* aurait sans doute triomphé de ce témoignage, soit dans son histoire, soit dans sa *Préparation évangélique*.

Il reconnait à la vérité des auteurs qui ont cité son nom, mais aucun qui ait cité ses prodiges. Avant lui, les Juifs *Joseph* & *Philon* qui ont tant célébré leur nation, ont recherché tous les écrivains chez lesquels le nom de *Moyse* se trouvait; mais il n'y en a pas un seul qui fasse la moindre mention des actions merveilleuses qu'on lui attribuë.

Dans ce silence général du monde entier, voici comme les incrédules raisonnent avec une témérité qui se réfute d'elle-même.

Les Juifs sont les seuls qui ayent eu le Pentateuque qu'ils attribuent à *Moyse*. Il est dit dans leurs livres même, que ce Pentateuque ne fut connu que sous leur roi *Josias*, trente-six ans avant la première destruction de Jérusalem & de la captivité; on n'en trouva qu'un seul exemplaire chez le pon-

pontife *Helcias*, qui le déterra au fond d'un coffre fort en comptant de l'argent. Le pontife l'envoya au roi par fon fcribe *Saphan*. IV. Rois ch XII. & Paralipom. II chapitre XXXIV.

Cela pourait, difaient-ils, obfcurcir l'autenticité du Pentateuque.

En effet, eût-il été poffible, que fi le Pentateuque eût été connu de tous les Juifs, *Salomon*, le fage *Salomon* infpiré de DIEU même, en lui bâtiffant un temple par fon ordre, eût orné ce temple de tant de figures contre la loi expreffe de *Moyfe* ?

Tous les prophétes Juifs qui avaient prophétifé au nom du Seigneur depuis *Moyfe* jufqu'à ce roi *Jofias*, ne fe feraient-ils pas appuiés dans leurs prédications de toutes les loix de *Moyfe* ? n'auraient-ils pas cité mille fois fes propres paroles ? ne les auraient-ils pas commentées ? aucun d'eux cependant n'en cite deux lignes ; aucun ne rappelle le texte de *Moyfe* ; ils lui font même contraires en plufieurs endroits.

Selon ces incrédules, les livres attribués à *Moyfe* n'ont été écrits que parmi les Babiloniens pendant la captivité, ou immédiatement après par *Efdras*. On ne voit en effet que des terminaifons perfanes & caldéennes dans les écrits juifs ; *Babel*, porte de Dieu ; *Phégor-beel*, ou *Beel-phégor*, Dieu du précipice ; *Zebuth-beel*, ou *Beel-Zebuth*, Dieu des infectes ; *Bethel*, maifon de Dieu : *Daniel*, jugement de Dieu; *Gabriel*, homme de Dieu; *Jabel*, affligé de Dieu; *Jaïel*, la vie de Dieu; *Israël*, voyant Dieu; *Oziel*, force de Dieu; *Raphaël*, secours de Dieu; *Uriel*, le feu de Dieu.

Ainsi tout est étranger chez la nation Juive, étrangère, elle-même en Palestine; circoncision, cérémonies, sacrifices, arche, chérubins, bouc hazazel; batême de justice, batême simple, épreuves, divination, explication des songes, enchantement des serpens, rien ne venait de ce peuple; rien ne fut inventé par lui.

Le célèbre mylord *Bolingbroke* ne croit point du tout que *Moyse* ait existé: il croit voir dans le Pentateuque une foule de contradictions & de fautes de chronologie & de géographie qui épouvantent; des noms de plusieurs villes qui n'étaient pas encor bâties, des préceptes donnés aux rois, dans un tems où non-seulement les Juifs n'avaient point de rois, mais où il n'était pas probable qu'ils en eussent jamais; puis qu'ils vivaient dans des déserts sous des tentes à la manière des Arabes Bédouins.

Ce qui lui parait surtout de la contradiction la plus palpable, c'est le don de quarante-huit villes avec leurs fauxbourgs faits aux lévites, dans un pays où il n'y avait pas un ſeul village : c'eſt principalement ſur ces quarante-huit villes qu'il relance *Abadie*, & qu'il a même la dureté de le traiter avec l'horreur & le mépris d'un ſeigneur de la chambre haute & d'un miniſtre d'état pour un petit prêtre étranger qui veut faire le raiſonneur.

Je prendrai la liberté de repréſenter au vicomte de *Bolingbroke*, & à tous ceux qui penſent comme lui, que non-ſeulement la nation Juive a toûjours cru à l'exiſtence de *Moyſe*, & à celle de ſes livres ; mais que JESUS-CHRIST même lui a rendu témoignage. Les quatre évangéliſtes, les *Actes des apôtres* la reconnaiſſent ; St. Matthieu dit expreſſément que *Moyſe* & *Elie* apparurent à JESUS-CHRIST ſur la montagne, pendant la nuit de la transfiguration, & St. Luc en dit autant.

JESUS-CHRIST déclare dans St. Matthieu qu'il n'eſt point venu pour abolir cette loi, mais pour l'accomplir. On renvoye ſouvent dans le nouveau Teſtament à la loi de *Moyſe* & aux prophètes ; l'égliſe entière a toûjours cru le Pentateuque écrit par *Moyſe* ; & de plus de cinq cent ſociétés différentes qui ſe ſont établies depuis ſi longtems dans le chriſtianiſme, aucune n'a jamais douté de l'exiſtence de ce grand prophète : il faut donc ſoumettre notre raiſon, comme tant d'hommes ont ſoumis la leur.

Je sais fort bien que je ne gagnerai rien sur l'esprit du vicomte ni de ses semblables. Ils sont trop persuadés que les livres juifs ne furent écrits que très tard : qu'ils ne furent écrits que pendant la captivité des deux tribus qui restaient. Mais nous aurons la consolation d'avoir l'église pour nous.

DE LA VIE DE MOYSE.

Livre apocryphe de la plus haute antiquité.

L'ancien livre qui contient la vie & la mort de *Moyse*, parait écrit du tems de la captivité de Babilone. Ce fut alors que les Juifs commencèrent à connaître les noms que les Caldéens & les Perses donnaient aux anges. (Voyez *Anges.*)

C'est-là qu'on voit les noms de *Zinguiel*, *Samael*, *Tsakon*, *Lakah*, & beaucoup d'autres dont les Juifs n'avaient fait encor aucune mention.

Le livre de la mort de *Moyse* parait postérieur. Il est reconnu que les Juifs avaient plusieurs vies de *Moyse* très anciennes, & d'autres livres, indépendamment du Pentateuque.

Il était appellé *Moni* & non pas *Moyse*; & on prétend que *Mo* signifiait de l'eau, & *ni* la particule de. On le nomma aussi du nom général *Melk*; on lui donna ceux de *Joakim*,

Adamosi, *Tebtmosi*, & surtout on a cru que c'était le même personnage que Manéthon appelle *Ozarziph*.

Quelques-uns de ces vieux manuscrits hébraïques furent tirés de la poussière des Juifs vers l'an 1517. Le savant *Gilbert Gaumin*, qui possédait la langue parfaitement, les traduisit en latin vers l'an 1635. Ils furent imprimés ensuite & dédiés au cardinal de *Bérule*. Les exemplaires sont devenus d'une rareté extrême.

Jamais le rabinisme, le goût du merveilleux, l'imagination orientale, ne se déployèrent avec plus d'excès.

FRAGMENT DE LA VIE DE MOYSE.

Cent trente ans après l'établissement des Juifs en Egypte, & soixante ans après la mort du patriarche *Joseph*, le pharaon eut un songe en dormant. Un vieillard tenait une balance; dans l'un des bassins étaient tous les habitans de l'Egypte, dans l'autre était un petit enfant, & cet enfant pesait plus que tous les Egyptiens ensemble. Le pharaon appelle aussi-tôt ses shotim, ses sages. L'un des sages lui dit: ô roi! cet enfant est un Juif qui fera un jour bien du mal à votre royaume. Faites tuer tous les enfans des Juifs, vous sauverez par-là votre empire, si pourtant on peut s'opposer aux ordres du destin.

Ce conſeil plut à *Pharaon*; il fit venir les ſages-femmes, & leur ordonna d'étrangler tous les mâles dont les Juives accoucheraient... Il y avait en Egypte un homme nommé *Abraham* fils de *Keath*, mari de *Jocabed* ſœur de ſon frère. Cette *Jocabed* lui donna une fille nommée *Marie* qui ſignifie perſécutée, parce que les Egyptiens deſcendans de *Cham* perſécutaient les Iſraëlites. *Jocabed* accoucha enſuite d'*Aaron*, qui ſignifie condamné à mort, parce que le pharaon avait condamné à mort tous les enſans Juifs. *Aaron* & *Marie* furent préſervés par les anges du Seigneur qui les nourrirent aux champs & qui les rendirent à leurs parens quand ils furent dans l'adoleſcence.

Enfin, *Jocabed* eut un troiſiéme enfant : ce fut *Moyſe* (qui par conſéquent avait quinze ans de moins que ſon frère). Il fut expoſé ſur le Nil. La fille du pharaon le rencontra en ſe baignant, le fit nourrir & l'adopta pour ſon fils quoiqu'elle ne fût point mariée.

Trois ans après, ſon père le pharaon prit une nouvelle femme; il fit un grand feſtin, ſa femme était à ſa droite, ſa fille était à ſa gauche avec le pètit *Moyſe*. L'enfant en ſe jouant lui prit ſa couronne & la mit ſur ſa tète. *Balaam* le magicien, eunuque du roi, ſe reſſouvint alors du ſonge de ſa majeſté.

Voilà, dit-il, cet enfant qui doit un jour vous faire tant de mal; l'esprit de DIEU est en lui. Ce qu'il vient de faire est une preuve qu'il a déja un dessein formel de vous détrôner. Il faut le faire périr sur le champ. Cette idée plut beaucoup au pharaon.

On allait tuer le petit *Moyse*, lorsque DIEU envoya sur le champ son ange *Gabriel* déguisé en officier du pharaon, & qui lui dit; Seigneur, il ne faut pas faire mourir un enfant innocent qui n'a pas encor l'âge de discrétion; il n'a mis votre couronne sur sa tête que parce qu'il manque de jugement. Il n'y a qu'à lui présenter un rubis & un charbon ardent; s'il choisit le charbon, il est clair que c'est un imbécille qui ne sera pas dangereux; mais s'il prend le rubis, c'est signe qu'il y entend finesse, & alors il faut le tuer.

Aussi-tôt on apporte un rubis & un charbon; *Moyse* ne manque pas de prendre le rubis; mais l'ange Gabriel par un *léger de main*, glisse le charbon à la place de la pierre précieuse. *Moyse* mit le charbon dans sa bouche, & se brûla la langue si horriblement qu'il en resta bègue toute sa vie; & c'est la raison pour laquelle le législateur des Juifs ne put jamais articuler.

Moyse avait quinze ans & était favori du pharaon. Un Hébreu vint se plaindre à lui de ce qu'un Egyptien l'avait battu après avoir couché avec ſa femme. *Moyſe* tua l'Egyptien. Le pharaon ordonna qu'on coupât la tête à *Moyſe*. Le bourreau le frappa ; mais DIEU changea ſur le champ le cou de *Moyſe* en colonne de marbre ; & envoya l'ange *Michel* qui en trois jours de tems conduiſit *Moyſe* hors des frontières.

Le jeune Hébreu ſe réfugia auprès de *Mécano* roi d'Ethiopie qui était en guerre avec les Arabes. *Mécano* le fit ſon général d'armée, & après la mort de Mécano *Moyſe* fut élu roi & épouſa la veuve. Mais *Moyſe*, honteux d'épouſer la femme de ſon ſeigneur, n'oſa jouïr d'elle, & mit une épée dans le lit entre lui & la reine. Il demeura quarante ans avec elle ſans la toucher. La reine irritée convoqua enfin les états du royaume d'Ethiopie, ſe plaignit de ce que *Moyſe* ne lui feſait rien, & conclut à le chaſſer & à mettre ſur le trône le fils du feu roi.

Moyſe s'enfuit dans le pays de Madian chez le prêtre *Jéthro*. Ce prêtre crut que ſa fortune était faite s'il remettait *Moyſe* entre les mains du pharaon d'Egypte, & il commença par le faire mettre dans un cu de baſſe-foſſe, où il fut réduit au pain & à l'eau. *Moyſe* engraiſſa à vue d'œil dans ſon cachot. *Jéthro* en fut tout étonné. Il ne ſavait pas que ſa fille *Séphora* était devenue amoureuſe du priſonnier & lui portait elle-même des perdrix & des cailles avec d'excellent vin. Il conclut que DIEU protégeait *Moyſe*, & ne le livra point au pharaon.

Cependant, le bon homme *Jéthro* voulut marier ſa fille ; il avait dans ſon jardin un arbre de ſaphir ſur lequel était gravé le nom de *Jaho* ou *Jéhova*. Il fit publier dans tout le pays qu'il donnerait ſa fille à celui qui pourait arracher l'arbre de ſaphir. Les amans de *Séphora* ſe préſentèrent, aucun d'eux ne put ſeulement faire pencher l'arbre. *Moyſe* qui n'avait que ſoixante & dix-ſept ans, l'arracha tout d'un coup ſans effort. Il épouſa *Séphora* dont il eut bientôt un beau garçon nommé *Gerſon*.

Un jour en ſe promenant il rencontra DIEU dans un buiſſon, qui lui ordonna d'aller faire des miracles à la cour du pharaon : il partit avec ſa femme & ſon fils. Ils rencontrèrent chemin feſant un ange qu'on ne nomme pas, qui ordonna à *Séphora* de circoncire le petit *Gerſon* avec un couteau de pierre. DIEU envoya *Aaron* ſur la route ; mais *Aaron* trouva fort mauvais que ſon frère eût épouſé une Madianite ; il la traita de putain & le petit *Gerſon* de bâtard ; il les renvoya dans leur pays par le plus court.

Aaron & *Moyse* s'en allèrent donc tout ſeuls dans le palais du pharaon. La porte du palais était gardée par deux lions d'une grandeur énorme. *Balaam* l'un des magiciens du roi, voyant venir les deux frères, lâcha ſur eux les deux lions; mais *Moyse* les toucha de ſa verge, & les deux lions humblement proſternés léchèrent les pieds d'*Aaron* & de *Moyse*. Le roi tout étonné fit venir les deux pélerins devant tous ſes magiciens. Ce fut à qui ferait le plus de miracles.

L'auteur raconte ici les dix plaies d'Egypte à-peu-près comme elles ſont rapportées dans l'Exode. Il ajoute ſeulement que *Moyse* couvrit toute l'Egypte de poux juſqu'à la hauteur d'une coudée, & qu'il envoya chez tous les Egyptiens des lions, des loups, des ours, des tigres, qui entraient dans toutes les maiſons, quoique les portes fuſſent fermées aux verroux, & qui mangeaient tous les petits enfans.

Ce ne fut point, ſelon cet auteur, les Juifs qui s'enfuirent par la mer Rouge, ce fut le pharaon qui s'enfuit par ce chemin avec ſon armée; les Juifs coururent après lui, les eaux ſe ſéparèrent à droite & à gauche pour les voir combattre; tous les Egyptiens, excepté le roi, furent tués ſur le ſable. Alors ce roi voyant bien qu'il avait affaire à forte partie, demanda pardon à DIEU. *Michaël* & *Gabriel* furent envoyés vers lui ; ils le transportèrent dans la ville de Ninive où il régna quatre cent ans.

Il n'eſt guères poſſible de dire préciſément en quel tems cette hiſtoire fut écrite ; mais elle eſt certainement d'une très haute antiquité. C'eſt le vrai génie oriental. Les rabins n'ont jamais eu tant d'imagination. Ils ne ſont qu'abſurdes. Cela porte viſiblement le caractère des plus anciennes fables.

NATURE.

Dialogue entre le philoſophe & la nature.

LE PHILOSOPHE.

QUi es-tu, nature, je vis dans toi, il y a cinquante ans que je te cherche, & je n'ai pu te trouver encore ?

LA NATURE.

Les anciens Egyptiens qui vivaient, dit-on, des douze cent ans, me firent le même reproche. Ils m'appellaient *Iſis* ; ils me mirent un grand voile ſur la tête, & ils dirent que perſonne ne pouvait le lever.

LE PHILOSOPHE.

C'eſt ce qui fait que je m'adreſſe à toi. J'ai bien pu meſurer quelques-uns de tes globes, connaître leurs routes, aſſigner les loix du mouvement ; mais je n'ai pu ſavoir qui tu es.

Es-tu toûjours agiſſante ? es-tu toûjours paſſive ? tes élémens ſe ſont-ils arrangés d'eux-mêmes, comme l'eau ſe place ſur le ſable, l'huile ſur l'eau, l'air ſur l'huile ? as-tu un eſprit qui dirige toutes tes opérations, comme les conciles ſont inſpirés dès qu'ils ſont aſſemblés, quoique leurs membres ſoient quelquefois des ignorans ? de grace, dis-moi le mot de ton énigme.

LA NATURE.

Je ſuis le grand tout. Je n'en ſais pas davantage. Je ne ſuis pas mathématicienne ; & tout eſt arrangé chez moi ſelon des loix mathématiques. Devine ſi tu peux comment tout cela s'eſt fait.

LE PHILOSOPHE.

Certainement, puiſque ton grand tout ne ſait pas les mathématiques, & que tes loix ſont de la plus profonde géométrie, il faut qu'il y ait un éternel géomètre qui te dirige, une intelligence ſuprême qui préſide à tes opérations.

LA NATURE.

Tu as raiſon ; je ſuis eau, terre, feu, athmoſphère, métal, minéral, pierre, végétal, animal. Je ſens bien qu'il y a dans moi une intelligence ; tu en as une, tu ne la vois pas. Je ne vois pas non plus la mienne ; je ſens cette puiſſance inviſible ; je ne puis la connaître : pourquoi voudrais-tu, toi qui n'es qu'une petite partie de moi-même, ſavoir ce que je ne ſais pas ?

LE PHILOSOPHE.

Nous ſommes curieux, & depuis *Thalès* tous les raiſonneurs ont joué à colin-maillard avec toi ; ils ont dit, je te tiens, & ils ne tenaient rien. Nous reſſemblons tous à *Ixion* ; il croyait embraſſer *Junon*, & il ne jouïſſait que d'une nuée.

LA NATURE.

Puiſque je ſuis tout ce qui eſt, comment un être tel que toi, une ſi petite partie de moi-même pourait-elle me ſaiſir ? contentez-vous atomes, mes enfans, de voir quelques atomes qui vous environnent, de boire quelques gouttes de mon lait, de végéter quelques momens ſur mon ſein, & de mourir ſans avoir connu votre mère & votre nourrice.

LE PHILOSOPHE.

Ma chère mère, dis-moi un peu pourquoi tu exiſtes, pourquoi il y a quelque choſe ?

LA NATURE.

Je te répondrai ce que je réponds depuis tant de ſiécles à tous ceux qui m'interrogent ſur les premiers principes ; *je n'en ſais rien.*

LE PHILOSOPHE.

Le néant vaudrait-il mieux que cette multitude d'exiſtences faites pour être continuellement diſſoutes, cette foule d'animaux nés & reproduits pour en dévorer d'autres & pour être dévorés, cette foule d'êtres ſenſibles formés pour tant de ſenſations douloureuſes ; cette autre foule d'intelligences qui ſi rarement entendent raiſon, à quoi bon tout cela, nature ?

LA NATURE.

Oh ! va interroger celui qui m'a faite.

NOUVEAU, NOUVEAUTÉS.

IL ſemble que les premiers mots des Métamorphoſes d'Ovide, *in nova fert animus*, ſoient la deviſe du genre-humain. Perſonne n'eſt touché de l'admirable ſpectacle du ſoleil qui ſe lève, ou plutôt ſemble ſe lever tous les jours; tout le monde court au moindre petit météore qui paraît un moment dans cet amas de vapeurs qui entourent la terre, & qu'on appelle *le ciel.*

> *Vilia ſunt nobis quæcumque prioribus annis,*
> *Vidimus & ſordet quidquid ſpectavimus olim.*

Un colporteur ne ſe chargera pas d'un Virgile, d'un Horace, mais d'un livre nouveau, fût-il déteſtable. Il vous tire à part, & vous dit; Monſieur, voulez-vous des livres de Hollande?

Les femmes ſe plaignent depuis le commencement du monde des infidélités qu'on leur fait en faveur du premier objet nouveau qui ſe préſente, & qui n'a ſouvent que cette nouveauté pour tout mérite. Pluſieurs dames (il faut bien l'avouer, malgré le reſpect infini qu'on a pour elles) ont traité les hommes comme elles ſe plaignent qu'on les a traitées; & l'hiſtoire de *Joconde* eſt beaucoup plus ancienne que l'*Arioſte.*

Peut-être ce goût univerſel pour la nouveauté eſt-il un bienfait de la nature. On nous crie, Contentez-vous de ce que vous avez, ne déſirez rien au delà de votre état; réprimez votre curioſité, domptez les inquiétudes de votre eſprit. Ce ſont de très bonnes maximes ; mais ſi nous les avions toûjours ſuivies, nous mangerions encor du gland, nous coucherions à la belle étoile, & nous n'aurions eu ni *Corneille*, ni *Racine*, ni *Molière*, ni *Pouſſin*, ni *le Brun*, ni *le Moine*, ni *Pigale*.

OPINION.

QUelle eſt l'opinion de toutes les nations du nord de l'Amérique, & de celles qui bordent le détroit de la Sonde ſur le meilleur des gouvernemens, ſur la meilleure des religions, ſur le droit public eccléſiaſtique, ſur la manière d'écrire l'hiſtoire, ſur la nature de la tragédie, de la comédie, de l'opéra, de l'églogue, du poeme épique, ſur les idées innées, la grace concomitante & les miracles du diacre *Pâris* ? il eſt clair que tous ces peuples n'ont aucune opinion ſur les choſes dont ils n'ont point d'idée.

Ils ont un ſentiment confus de leurs coutumes, & ne vont pas au delà de cet inſtinct. Tels ſont les peuples qui habitent les côtes de la mer Glaciale dans l'eſpace de quinze cent lieués. Tels ſont les habitans des trois quarts de l'Afrique, & ceux de preſque toutes les iſles de l'Aſie, & vingt hordes de

Tartares,

Tartares, & presque tous les hommes uniquement occupés du soin pénible & toûjours renaissant de pourvoir à leur subsistance. Tels sont à deux pas de nous la plûpart des Morlaques & des Uscoques, beaucoup de Savoyards & quelques bourgeois de Paris.

Lorsqu'une nation commence à se civiliser, elle a quelques opinions qui toutes sont fausses. Elle croit aux revenans, aux sorciers, à l'enchantement des serpens; à leur immortalité, aux possessions du diable, aux exorcismes, aux aruspices. Elle est persuadée qu'il faut que les grains pourissent en terre pour germer, & que les quartiers de la lune sont les causes des accès de fiévre.

Un talapoin persuade à ses dévotes que le Dieu *Sammonocodom* a séjourné quelque tems à Siam, & qu'il a raccourci tous les arbres d'une forêt qui l'empêchaient de jouer à son aise au cerf-volant, qui était son jeu favori. Cette opinion s'enracine dans les têtes, & à la fin un honnête homme qui douterait de cette avanture de *Sammonocodom*, courrait risque d'être lapidé. Il faut des siécles pour détruire une opinion populaire.

On la nomme la *reine du monde*; elle l'est si bien, que quand la raison vient la combattre, la raison est condamnée à la mort.

Il faut qu'elle renaiſſe vingt fois de ſes cendres pour chaſſer enfin tout doucement l'uſurpatrice.

ORAISON, PRIÈRE PUBLIQUE, ACTION DE GRACES, &c.

IL reſte très peu de formules de prières publiques des peuples anciens.

Nous n'avons que la belle hymne d'*Horace* pour les jeux ſéculaires des anciens Romains. Cette prière eſt du rithme & de la meſure que les autres Romains ont imités longtems après dans l'hymne *Ut queant laxis reſonare fibris.*

Le *pervigilium veneris* eſt dans un goût plus recherché, & n'eſt pas peut-être digne de la noble ſimplicité du règne d'*Auguſte.* Il ſe peut que cette hymne à *Vénus* ait été chantée dans les fêtes de la déeſſe; mais on ne doute pas qu'on n'ait chanté le poeme d'*Horace* avec la plus grande ſolemnité.

Il faut avouer que le poëme ſéculaire d'*Horace* eſt un des plus beaux morceaux de l'antiquité, & que l'hymne *Ut queant laxis* eſt un des plus plats ouvrages que nous ayons eus dans les tems barbares de la décadence de la langue latine. L'église catholique dans ces tems-là cultivait mal l'éloquence & la poësie. On sait bien que DIEU préfère de mauvais vers récités avec un cœur pur, aux plus beaux vers du monde bien chantés par des impies. Mais enfin de bons vers n'ont jamais rien gâté, toutes choses étant d'ailleurs égales.

Rien n'approcha jamais parmi nous des jeux séculaires qu'on célébrait de cent dix ans en cent dix ans. Notre jubilé n'en est qu'une bien faible copie. On dressait trois autels magnifiques sur les bords du Tibre. Rome entière était illuminée pendant trois nuits; quinze prêtres distribuaient l'eau lustrale & des cierges aux Romains & aux Romaines qui devaient chanter les prières. On sacrifiait d'abord à *Jupiter* comme au grand Dieu, au maître des Dieux, & ensuite à *Junon*, à *Apollon*, à *Latone*, à *Diane*, à *Cérès*, à *Pluton*, à *Proserpine*, aux parques comme à des puissances subalternes. Chacune de ces divinités avait son hymne & ses cérémonies. Il y avait deux chœurs, l'un de vingt-sept garçons, l'autre de vingt-sept filles pour chacun des Dieux. Enfin, le dernier jour les garçons & les filles couronnés de fleurs chantèrent l'ode d'*Horace*.

Il est vrai que dans les maisons on chantait à table ses autres odes pour le petit

Ligurinus, pour *Licifcus* & pour d'autres petits fripons, lefquels n'infpiraient pas la plus grande dévotion. Mais il y a tems pour tout; *pictoribus atque poëtis.* Le Carrache qui deffina les figures de l'*Aretin*, peignit auffi des faints; & dans tous nos collèges nous avons paffé à *Horace* ce que les maîtres de l'empire Romain lui paffaient fans difficulté.

Pour des formules de prières, nous n'avons que de très légers fragmens de celle qu'on récitait aux myftères d'*Ifis.* Nous l'avons citée ailleurs, nous la rapporterons encor ici parce qu'elle n'eft pas longue & qu'elle eft belle.

Les puiffances céleftes te fervent; les enfers te font foumis; l'univers tourne fous ta main; tes pieds foulent le Tartare; les aftres répondent à ta voix; les faifons reviennent à tes ordres; les élémens t'obéïffent.

Nous répéterons auffi la formule qu'on attribue à l'ancien *Orphée*, laquelle nous paraît encor fupérieure à celle d'*Ifis.*

Marchez dans la voie de la juftice, adorez le feul maître de l'univers; il eft un, il eft feul par lui-même; tous les êtres lui doivent leur exiftence; il agit dans eux & par eux; il voit tout, & jamais il n'a été vu des yeux mortels.

Ce qui eft fort extraordinaire, c'eft que dans le Lévitique, dans le Deuteronome des Juifs, il n'y a pas une feule prière publique, pas une feule formule. Il femble que les lévites ne fussent occupés qu'à partager les viandes qu'on leur offrait. On ne voit pas même une seule prière instituée pour leurs grandes fêtes, de la Pâque, de la Pentecôte, des Trompettes, des Tabernacles, de l'expiation générale, & des néoménies.

Les savans conviennent assez unanimement qu'il n'y eut de prières réglées chez les Juifs, que lors qu'étant esclaves à Babilone, ils en prirent un peu les mœurs, & qu'ils apprirent quelques sciences de ce peuple si policé & si puissant. Ils empruntèrent tout des Caldées persans jusqu'à leur langue, leurs caractères, leurs chiffres; & joignant quelques coutumes nouvelles à leurs anciens rites égyptiaques, ils devinrent un peuple nouveau, qui fut d'autant plus superstitieux, qu'au sortir d'un long esclavage ils furent toûjours encor dans la dépendance de leurs voisins. *In rebus acerbis acrius advertunt animos ad relligionem.*

Pour les dix autres tribus qui avaient été dispersées auparavant, il est à croire qu'elles n'avaient pas plus de prières publiques que les deux autres, & qu'elles n'avaient pas même encor une religion bien fixe & bien déterminée, puisqu'elles l'abandonnèrent si facilement, & qu'elles oubliërent jusqu'à leur nom, ce que ne fit pas le petit nombre de pauvres infortunés qui vint rebâtir Jérusalem.

C'eſt donc alors que ces deux tribus, ou plutôt ces deux tribus & demi ſemblèrent s'attacher à des rites invariables ; qu'ils écrivirent, qu'ils eurent des prières réglées. C'eſt alors ſeulement que nous commençons à voir chez eux des formules de prières. *Eſdras* ordonna deux prières par jour, & il en ajouta une troiſiéme pour le jour du ſabbat. On dit même qu'il inſtitua dix-huit prières, (afin qu'on pût choiſir,) dont la première commence ainſi :

„ Sois béni, Seigneur, DIEU de nos pères,
„ DIEU d'*Abraham*, d'*Iſaac*, de *Jacob*, le
„ grand DIEU, le puiſſant, le terrible, le haut
„ élevé, le diſtributeur libéral des biens, le
„ plaſmateur & le poſſeſſeur du monde, qui te
„ ſouviens des bonnes actions, & qui envoyes
„ un libérateur à leurs deſcendans pour l'a-
„ mour de ton nom. O roi, notre ſecours,
„ notre ſauveur, notre bouclier, ſois béni
„ Seigneur, bouclier d'*Abraham*.

On aſſure que *Gamaliel* qui vivait du tems de JESUS-CHRIST, & qui eut de ſi grands démêlés avec *St. Paul*, inſtitua une dix-neuviéme prière que voici.

„ Accorde la paix, les bienfaits, la béné-
„ diction, la grace, la bénignité & la piété
„ à nous & à Iſraël ton peuple. Bénis-nous,
„ ô notre père ! bénis-nous tous enſemble
„ par la lumière de ta face ; car par la lumière

„ de ta face tu nous as donné, Seigneur notre
„ DIEU, la loi de vie, l'amour, la bénigni-
„ té, l'équité, la bénédiction, la piété, la
„ vie & la paix. Qu'il te plaise de bénir en
„ tout tems, & à tout moment ton peuple
„ d'Israël en lui accordant la paix. Béni sois-
„ tu, Seigneur, qui bénis ton peuple d'Israël
„ en lui donnant la paix; Amen.

Consultez sur cela la *Mishna* volume Ier. & IId.

Il y a une chose assez importante à observer dans plusieurs prières; c'est que chaque peuple a toûjours demandé tout le contraire de ce que demandait son voisin.

Les Juifs priaient DIEU, par exemple, d'exterminer les Syriens, Babiloniens, Egyptiens; & ceux-ci priaient DIEU d'exterminer les Juifs; aussi le furent-ils comme les dix tribus qui avaient été confondues parmi tant de nations; & ceux-ci furent plus malheureux; car s'étant obstinés à demeurer séparés de tous autres peuples, étant au milieu des peuples, ils n'ont pu jouïr d'aucun avantage de la société humaine.

De nos jours, dans nos guerres si souvent entreprises pour quelques villes ou pour quelques villages, les Allemands & les Espagnols quand ils étaient les ennemis des Français, priaient la Ste. Vierge du fond de leur cœur de bien battre les Welches & les Gavaches;

lesquels de leur côté suppliaient la Ste. Vierge de détruire les Maranes & les Teutons.

En Angleterre, la rose rouge fesait les plus ardentes prières à *St. George*, pour obtenir que tous les partisans de la rose blanche fussent jettés au fond de la mer. La rose blanche répondait par de pareilles supplications. On sent combien *St. George* devait être embarrassé : & si *Henri VII* n'était pas venu à son secours, *George* ne se serait jamais tiré de là.

ORDINATION.

SI un militaire chargé par le roi de France de conférer l'ordre de St. Louïs à un autre militaire, n'avait pas en lui donnant la croix, l'intention de le faire chevalier, le récipiendaire en serait-il moins chevalier de St. Louïs ? non sans doute.

Pourquoi donc plusieurs prêtres se firent-ils réordonner après la mort du fameux *Lavardin* évêque du Mans ? Ce singulier prélat qui avait établi l'ordre des Côteaux *a*) s'avisa à l'article de la mort d'une espieglerie peu commune. Il était connu pour un des plus

a) C'était un ordre de gourmets. Les yvrognes étaient alors fort à la mode ; l'évêque du Mans était à leur tête.

violens esprits forts du siécle de *Louis XIV*; & plusieurs de ceux auxquels il avait conféré l'ordre de la prêtrise, lui avaient publiquement reproché ses sentimens. Il est naturel qu'aux approches de la mort une ame sensible & timorée rentre dans la religion qu'il observa dans ses premières années. La bienséance seule exigeait que l'évêque édifiât en mourant ses diocésains que sa vie avait scandalisés; mais il était si piqué contre son clergé, qu'il déclara qu'aucun de ceux qu'il avait ordonnés n'était prêtre en effet, que tous leurs actes de prêtres étaient nuls, & qu'il n'avait jamais eu l'intention de donner aucun sacrement.

C'était, ce me semble, raisonner comme un yvrogne; les prêtres Manseaux pouvaient lui répondre, ce n'est pas votre intention qui est nécessaire, c'est la nôtre. Nous avions une envie bien déterminée d'être prêtres; nous avons fait tout ce qu'il faut pour l'être; nous sommes dans la bonne foi; si vous n'y avez pas été, il ne nous importe guères.

La maxime est, *quidquid recipitur ad modum recipientis recipitur*, & non pas *ad modum dantis*. Lorsque notre marchand de vin nous a vendu une feuillette, nous la buvons, quand même il aurait l'intention secrette de nous empêcher de la boire; nous serons prêtres malgré votre testament.

Ces raisons étaient fort bonnes. Cependant la plûpart de ceux qui avaient été ordonnés par l'évêque *Lavardin*, ne se crurent point prêtres, & se firent ordonner une seconde fois. *Mascaron* médiocre & célèbre prédicateur, leur persuada par ses discours & par son exemple de réïtérer la cérémonie. Ce fut un grand scandale au Mans, à Paris & à Versailles. Il fut bientôt oublié, comme tout s'oublie.

ORIGINEL,

PÉCHÉ ORIGINEL.

IL le faut avouer, nous ne connaissons point de père de l'église jusqu'à *St. Augustin* & à *St. Jérôme*, qui ait enseigné la doctrine du péché originel. *St. Clément* d'Alexandrie, cet homme si savant dans l'antiquité; loin de parler en un seul endroit de cette corruption qui a infecté le genre-humain, & qui l'a rendu coupable en naissant, dit en propres mots, *Quel mal peut faire un enfant qui ne vient que de naître? comment a-t-il pu prévariquer? comment celui qui n'a encor rien fait a-t il pu tomber sous la malédiction d'Adam?*

Stromates livre III.

Et remarquez qu'il ne dit point ces paroles pour combattre l'opinion rigoureuse du péché originel, laquelle n'était point encor développée; mais seulement pour montrer que les passions qui peuvent corrompre tous les hommes, n'ont pu avoir encor aucune prise sur cet enfant innocent. Il ne dit point, cette créature d'un jour ne sera pas damnée si elle meurt aujourd'hui. Car personne n'avait encor supposé qu'elle serait damnée. *St. Clément* ne pouvait combattre un systême absolument inconnu.

Le grand *Origène* est encor plus positif que *St. Clément* d'Alexandrie. Il avoue bien que le péché est entré dans le monde par *Adam*, dans son explication de l'épitre de *St. Paul* aux Romains; mais il tient que c'est la pente au péché qui est entrée, qu'il est très facile de commettre le mal, mais qu'il n'est pas dit pour cela qu'on le commettra toûjours, & qu'on sera coupable dès qu'on sera né.

Enfin, le péché originel sous *Origène*, ne consistait que dans le malheur de se rendre semblable au premier homme en péchant comme lui.

Le batême était nécessaire, c'était le sceau du christianisme, il lavait tous les péchés; mais personne n'avait dit encor qu'il lavât les péchés qu'on n'avait point commis. Personne n'assurait encor qu'un enfant fût damné & brûlât dans des flammes éternelles pour être mort deux minutes après sa naissance. Et une preuve sans replique, c'est qu'il se passa beaucoup de tems avant que la coutume de batiser les enfans prévalût. *Tertullien* ne voulait point qu'on les batisât. Or, leur refuser ce bain sacré, c'eût été les livrer visiblement à la damnation, si on avait été persuadé que le péché originel (dont ces pauvres innocens ne pouvaient être coupables) opérât leur réprobation, & leur fît souffrir des supplices infinis pendant toute l'éternité, pour un fait dont il était impossible qu'ils eussent la moindre connaissance. Les ames de tous les bourreaux fondues ensemble, n'auraient pu rien imaginer qui approchât d'une horreur si exécrable. En un mot, il est de fait qu'on ne batisait pas les enfans. Donc il est démontré qu'on était bien loin de les damner.

Il y a bien plus encor ; JESUS-CHRIST n'a jamais dit, *l'enfant non batisé sera damné.* a) Les enfans au berceau étaient à bien plus forte raison privilégiés. Notre divin Sauveur ne batisa jamais personne. *Paul* circoncit son disciple *Timothée*, & il n'est point dit qu'il le batisât.

En un mot, dans les deux premiers siécles le batême des enfans ne fut point en usage: donc on ne croyait point que des enfans

a) Dans St. Jean, JESUS dit à *Nicodème* chap. III que le vent, l'esprit souffle où il veut, que personne ne sait où il va, qu'il faut renaître ; qu'on ne peut entrer dans le royaume de DIEU si on ne renaît par l'eau & par l'esprit. Mais il ne parle point des enfans.

fussent victimes de la faute d'*Adam*. Au bout de quatre cent ans on crut leur salut fort en danger, & on fut fort incertain.

Enfin, *Pélage* vint au cinquiéme siécle; il traita l'opinion du péché originel de monstrueuse. Selon lui, ce dogme n'était fondé que sur une équivoque comme toutes les autres opinions.

DIEU avait dit à Adam dans le jardin, *Le jour que vous mangerez du fruit de l'arbre de la science vous mourez*. Or, il n'en mourut pas, & DIEU lui pardonna. Pourquoi donc n'aurait-il pas épargné sa race à la milliéme génération? pourquoi livrerait-il à des tourmens infinis & éternels les petits enfans innocens d'un père qu'il avait reçu en grace?

Pélage regardait DIEU non seulement comme un maître absolu; mais comme un père qui laissant la liberté à ses enfans, les récompensait au delà de leurs mérites, & les punissait au dessous de leurs fautes.

Lui & ses disciples disaient, Si tous les hommes naissent les objets de la colère éternelle de celui qui leur donne la vie; si avant de penser ils sont coupables, c'est donc un crime affreux de les mettre au monde. Le mariage est donc le plus horrible des forfaits. Le mariage en ce cas n'est donc qu'une émanation du mauvais principe des manichéens; ce n'est plus adorer DIEU, c'est adorer le diable.

Pélage & les siens débitaient cette doctrine en Afrique, où *St. Augustin* avait un crédit immense. Il avait été manichéen; il était obligé de s'élever contre *Pélage*. Celui-ci ne put résister ni à *Augustin*, ni à *Jérôme*. Et enfin, de questions en questions la dispute alla si loin qu'*Augustin* donna son arrêt de damnation contre tous les enfans nés & à naître dans l'univers, en ces propres termes; *La foi catholique enseigne que tous les hommes naissent si coupables, que les enfans mêmes sont certainement damnés quand ils meurent sans avoir été régénérés en* JESUS.

C'eût été un bien triste compliment à faire à une reine de la Chine ou du Japon, ou de l'Inde, ou de la Scythie, ou de la Gothie, qui venait de perdre son fils au berceau, que de lui dire, Madame, consolez-vous, monseigneur le prince royal est actuellement entre les griffes de cinq cent diables qui le tournent & le retournent dans une grande fournaise pendant toute l'éternité, tandis que son corps embaumé repose auprès de votre palais.

La reine épouvantée demande pourquoi ces diables rôtissent ainsi son cher fils le prince royal à jamais? On lui répond que c'est parce que son arrière grand-père mangea autrefois du fruit de la science dans un jardin. Jugez ce que doivent penser le roi, la reine, tout le conseil, & toutes les belles dames.

Cet arrêt ayant paru un peu dur à quelques théologiens, (car il y a de bonnes ames partout) il fut mitigé par un *Pierre Chrisologue*, ou *Pierre parlant d'or*, lequel imagina un fauxbourg d'enfer nommé les *Limbes*, pour placer tous les petits garçons & toutes les petites filles qui feraient morts fans batême. C'eft un lieu où ces innocens végètent fans rien fentir, le féjour de l'apathie, & c'eft ce qu'on appelle le *paradis des fots.* Vous trouvez encor cette expreffion dans Milton, *The paradife of fools.* Il le place vers la lune. Cela eft tout-à-fait digne d'un poëme épique.

EXPLICATION DU PÉCHÉ ORIGINEL.

La difficulté pour les limbes eft demeurée la même que pour l'enfer. Pourquoi ces pauvres petits font-ils dans les limbes ? qu'avaient-ils fait ? comment leur ame qu'ils ne poffédaient que d'un jour était-elle coupable d'une gourmandife de fix mille ans ?

St. Auguftin qui les damne, dit pour raifon que les ames de tous les hommes étant dans celle d'*Adam*, il eft probable qu'elles furent toutes complices. Mais comme l'églife décida depuis que les ames ne font faites que quand le corps eft commencé, ce fyftême tomba malgré le nom de fon auteur.

D'autres dirent que le péché originel s'était transfmis d'ame en ame par voie d'émanation, & qu'une ame venue d'une autre arrivait dans ce monde avec toute la corruption de l'ame-mère. Cette opinion fut condamnée.

Après que les théologiens y eurent jetté leur bonnet, les philofophes s'effayèrent. *Leibnitz* en jouant avec fes monades, s'amufa à raffembler dans *Adam* toutes les monades humaines avec leurs petits corps de monades. C'était moitié plus que *St. Auguftin*. Mais cette idée digne de *Cyrano de Bergerac* n'a pas fait fortune en philofophie.

Mallebranche explique la chofe par l'influence de l'imagination des mères. *Eve* eut la cervelle fi furieufement ébranlée de l'envie de manger du fruit, que fes enfans eurent la même envie, à-peu-près comme cette femme qui ayant vu rouer un homme accoucha d'un enfant roué.

Nicole réduit la chofe à *une certaine inclination, une certaine pente à la concupifcence que nous avons reçue de nos mères. Cette inclination n'eft pas un acte; elle le deviendra un jour.* Fort bien, courage, Nicole. Mais en attendant, pourquoi me damner? *Nicole* ne touche point du tout à la difficulté;

elle

elle consiste à savoir comment nos ames d'aujourd'hui qui sont formées depuis peu, peuvent répondre de la faute d'une autre ame qui vivait il y a si longtems.

Mes maîtres, que falait-il dire sur cette matière ? rien. Aussi je ne donne point mon explication, je ne dis mot.

ORTOGRAPHE.

QUant à l'ortographe de la plûpart des livres français, elle est ridicule. Presque tous les imprimeurs ignorans impriment *Wisigoths*, *Westphalie*, *Wirtemberg*, *Weteravie*, &c.

Ils ne savent pas que le double V allemand qu'on écrit ainsi W, est notre V consonne, & qu'en Allemagne on prononce Veteravie, Virtemberg, Vestphalie, Visigoths.

Ils impriment *Altona* au-lieu d'Altena, ne sachant pas qu'en allemand un O surmonté de deux points vaut un E.

Ils ne savent pas qu'en Hollande *oe* fait *ou*; & ils font toûjours des fautes en imprimant cette diphtongue.

Celles que commettent tous les jours les traducteurs des livres sont innombrables.

Pour l'ortographe purement françaiſe, l'habitude ſeule peut en ſupporter l'incongruité. *Em-ploi-e-roi-ent*, *oc-troi-e-roi-ent*, qu'on prononce, octroiraient, emploiraient. *Pa-on* qu'on prononce pan, *fa-on* qu'on prononce fan, *La-on* qu'on prononce Lan, & cent autres barbaries pareilles font dire,

Hodieque manent veſtigia juris.

Cela n'empêche pas que *Racine*, *Boileau* & *Quinault*, ne charment l'oreille, & que *La Fontaine* ne doive plaire à jamais.

Les Anglais ſont bien plus inconſéquens, ils ont perverti toutes les voyelles; ils les prononcent autrement que toutes les autres nations. C'eſt en ortographe qu'on peut dire d'eux avec Virgile,

Et penitus toto diviſos orbe Britannos.

Cependant, ils ont changé leur ortographe depuis cent ans; ils n'écrivent plus *Loveth*, *Speaketh*, *Maketh*, mais *Loves*, *Speaks*, *Makes*.

Les Italiens ont ſupprimé toutes les *H*. Ils ont fait pluſieurs innovations en faveur de la douceur de leur langue.

L'écriture eſt la peinture de la voix: plus elle eſt reſſemblante, meilleure elle eſt.

PARLEMENT.

DEPUIS PHILIPPE LE BEL, JUSQU'A CHARLES VII.

PArlement vient ſans doute de parler; & l'on prétend que parler venait du mot celte *paler*, dont les Cantabres & autres Eſpagnols firent *palabra*. D'autres aſſurent que c'eſt de *parabola*; & que de *parabole* on fit parlement. C'eſt-là ſans doute une érudition fort utile.

Il y a du moins je ne ſais quelle apparence de doctrine plus ſérieuſe dans ceux qui vous diſent, que nous n'avons pu encor découvrir de monumens où ſe trouve le mot barbare *parlamentum*, que vers le tems des premières croiſades.

On peut répondre; le terme *parlamentum* était en uſage alors pour ſignifier les aſſemblées de la nation; donc il était en uſage très longtems auparavant. On n'inventa jamais un terme nouveau pour les choſes ordinaires.

Philippe III, dans la charte de cet établiſſement a Paris, parle d'anciens parlemens. Nous avons des ſéances de parlement judiciaire depuis 1254; & une preuve qu'on s'était ſervi ſouvent du mot général *parlement* en déſignant les aſſemblées de la nation, c'eſt que nous donnâmes ce nom à ces assemblées dès que nous avons écrit en langue françaife : & les Anglais qui prirent toutes nos coutumes, appellèrent *parlement* leurs assemblées des pairs.

Ce mot, fource de tant d'équivoques, fut affecté à plusieurs autres corps, aux officiers municipaux des villes, à des moines, à des écoles ; autre preuve d'un antique ufage.

On ne répétera pas ici comment le roi *Philippe le bel* qui détruifit & forma tant de chofes, forma une chambre de parlement à Paris, pour juger dans cette capitale les grands procès portés auparavant partout où fe trouvait la cour ; comment cette chambre qui ne fiégeait que deux fois l'année fut falariée par le roi à cinq fous par jour pour chaque confeiller juge ; chambre néceffairement compofée de membres amovibles, puifque tous avaient d'autres emplois ; de forte que qui était juge à Paris à la Touffaint, allait commander les troupes à la Pentecôte ; comment cette chambre ne jugea de longtems aucun procès criminel.

Comment les clercs ou gradués enquêteurs, établis pour rapporter les procés aux feigneurs confeillers juges, & non pour donner leurs voix, furent bientôt mis à la place de ces juges d'épée qui rarement favaient lire & écrire.

Par quelle fatalité étonnante & funefte le

premier procès criminel que jugèrent ces nouveaux conſeillers gradués, fut celui de *Charles VII* leur roi alors dauphin de France, qu'ils déclarèrent ſans le nommer, déchu de ſon droit à la couronne ; & comment quelques jours après ces même juges ſubjugués par le parti anglais dominant, condamnèrent le dauphin, le deſcendant de *St. Louïs* au banniſſement perpétuel le 3 Janvier 1420 ; arrêt auſſi incompétent qu'infame, monument éternel de l'opprobre & de la déſolation où la France était plongée, & que le préſident *Hénault* a tâché en vain de pallier dans ſon abrégé auſſi eſtimable qu'utile. Mais tout ſort de ſa ſphère dans les tems de trouble. La démence du roi *Charles VI*, l'aſſaſſinat du duc de Bourgogne commis par le dauphin, le traité ſolemnel de Troyes, la défection de tout Paris & des trois quarts de la France, les grandes qualités, les victoires, la gloire, l'eſprit, le bonheur de *Henri V*, ſolemnellement déclaré roi de France ; tout ſemblait excuſer le parlement.

Après la mort de *Charles VI* en 1422, & dix jours après ſes obſèques, tous les membres du parlement de Paris jurèrent ſur un miſſel dans la grand'chambre, obéiſſance & fidélité au jeune roi d'Angleterre *Henri VI* fils de *Henri V* ; & ce tribunal fit mourir une bourgeoiſe de Paris qui avait eu le courage d'ameuter pluſieurs citoyens pour recevoir leur roi légitime dans ſa capitale. Cette reſpectable bourgeoiſe fut exécutée avec tous les citoyens fidèles que le parlement put ſaiſir. *Charles VII* érigea un autre parlement à Poitiers ; il fut peu nombreux, peu puiſſant, & point payé. Quelques membres du parlement de Paris dégoûtés des Anglais, s'y réfugièrent. Et enfin, quand *Charles* eut repris Paris, & donné une amniſtie générale, les deux parlemens furent réunis.

PARLEMENT. L'ÉTENDUE DE SES DROITS.

Machiavel dans ſes remarques politiques ſur *Tite-Live*, dit que les parlemens font la force du roi de France. Il avait très grande raiſon en un ſens. *Machiavel* Italien voyait le pape comme le plus dangereux monarque de la chrétienté. Tous les rois lui feſaient la cour ; tous voulaient l'engager dans leurs querelles ; & quand il exigeait trop, quand un roi de France n'oſait le refuſer en face, ce roi avait ſon parlement tout prêt qui déclarait les prétentions du pape contraires aux loix du royaume, torſionaires, abuſives, abſurdes. Le roi s'excuſait auprès du pape en diſant qu'il ne pouvait venir à bout de ſon parlement.

C'était bien pis encor quand le roi & le pape ſe querellaient. Alors les arrêts triomphaient de toutes les bulles ; & la tiare était renverſée par la main de juſtice. Mais ce corps ne fit jamais la force des rois quand ils eurent beſoin d'argent. Comme c'eſt avec ce ſeul reſſort qu'on eſt ſûr d'être toûjours le maître, les rois en voulaient toûjours avoir; il en falut demander d'abord aux états-généraux. La cour du parlement de Paris ſédentaire & inſtituée pour rendre la juſtice, ne ſe mêla jamais de finance juſqu'à *François I.* La fameuſe réponſe du premier préſident *Jean de la Vaquerie* au duc d'Orléans (depuis Louïs XII) en eſt une preuve aſſez forte; *Le parlement eſt pour rendre juſtice au peuple; les finances, la guerre, le gouvernement du roi ne ſont point de ſon reſſort.*

On ne peut pardonner au préſident *Hénault* de n'avoir pas rapporté ce trait qui ſervit longtems de baſe au droit public en France, ſuppoſé que ce pays connût un droit public.

PARLEMENT. DROIT D'ENRÉGISTRER.

Enrégiſtrement, mémorial, journal, livre de raiſon. Cet uſage fut de tout tems obſervé chez les nations policées, & fort négligé par les barbares qui vinrent fondre ſur l'empire Romain. Le clergé de Rome fut plus attentif, il enrégiſtra tout, & toûjours à ſon avantage. Les Viſigoths, les Vandales, les Bourguignons, les Francs, & tous les autres ſauvages n'avaient pas ſeulement de régiſtres pour les mariages, les naiſſances & les morts. Les empereurs firent à la vérité écrire leurs traités & leurs ordonnances ; elles étaient conſervées tantôt dans un château, tantôt dans un autre ; & quand ce château était pris par quelque brigand, le régiſtre était perdu. Il n'y a guères eu que les anciens actes déposés à la Tour de Londre qui ayent ſubſiſté. On n'en retrouva ailleurs que chez des moines ; qui ſuppléèrent ſouvent par leur induſtrie à la diſette des monumens publics.

Quelle foi peut-on avoir à ces anciens monumens après l'avanture des fauſſes décrétales qui ont été reſpectées pendant cinq cent ans, autant & plus que l'Evangile ; après tant de faux martyrologes, de fauſſes légendes & de faux actes ? Notre Europe fut trop longtems compoſée d'une multitude de brigands qui pillaient tout, d'un petit nombre de fauſſaires qui trompèrent ces brigands ignorans, & d'une populace auſſi abrutie qu'indigente, courbée vers la terre toute l'année pour nourrir tous ces gens-là.

On tient que *Philippe-Auguſte* perdit ſon chartrier, ſes titres ; on ne ſait pas trop à quelle occaſion, ni comment, ni pourquoi il feſait tranſporter aux injures de l'air des parchemins qu'il devait ſoigneuſement enfermer ſous la clef.

On croit qu'*Etienne Boileau* prévôt de Paris du tems de *St. Louïs*, fut le premier qui tint un journal, & qu'il fut imité par *Jean de Montluc* greffier du parlement de Paris en 1313, & non en 1256; faute de pure inadvertence dans le grand Dictionnaire au mot *Enrégistrement.*

Peu-à-peu les rois s'accoutumèrent à faire enrégistrer au parlement plusieurs de leurs ordonnances, & surtout les loix que le parlement était obligé de maintenir.

C'est une opinion commune que la première ordonnance enrégistrée est celle de *Philippe de Valois* sur ses droits de regale en 1332 au mois de Septembre, laquelle pourtant ne fut enrégistrée qu'en 1334. Aucun édit sur les finances ne fut enrégistré en cette cour, ni par ce roi, ni par ses successeurs jusqu'à *François I.*

Charles V tint un lit de justice en 1374, pour faire enrégistrer la loi qui fixe la majorité des rois à quatorze ans.

Une observation fort singulière, est que l'érection de presque tous les parlemens du royaume ne fut point présentée au parlement de Paris pour y être enrégistrée & vérifiée.

Les traités de paix y furent quelquefois enrégistrés. Plus souvent on s'en dispensa. Rien n'a été stable & permanent, rien n'a été uniforme. L'on n'enrégistra point le traité d'Utrecht qui termina la funeste guerre de la succession d'Espagne. On enrégistra les édits qui établirent & qui supprimèrent les mouleurs de bois, les essayeurs de beurre, & les mesureurs du charbon.

REMONTRANCES DES PARLEMENS.

Toute compagnie, tout citoyen a droit de porter ses plaintes au souverain par la loi naturelle qui permet de crier quand on souffre. Les premières remontrances du parlement de Paris furent adressées à *Louïs XI* par l'exprès commandement de ce roi, qui étant alors mécontent du pape, voulut que le parlement lui remontrât publiquement les excès de la cour de Rome. Il fut bien obéï; le parlement était dans son centre; il défendait les loix contre les rapines. Il montra que la cour Romaine avait extorqué en trente années quatre millions six cent quarante-cinq mille écus de la France. Ces simonies multipliées, ces vols réels commis sous le nom de *piété*, commençaient à faire horreur. Mais la cour Romaine ayant enfin appaisé & séduit *Louïs XI*, il fit taire ceux qu'il avait fait si bien parler. Il n'y eut aucune remontrance sur les finances du tems de *Louïs XI*, ni de *Charles VIII*, ni de *Louïs XII*; car il ne faut pas qualifier du nom de *remontrances solemnelles*, le refus que fit cette compagnie de prêter à *Charles VIII* cinquante mille francs pour sa malheureuse expédition d'Italie en 1496. Le roi lui envoya le sire d'*Albret*, le sire de *Rieux* gouverneur de Paris, le sire de *Gravile* amiral de France, & le cardinal *Dumaine* pour la prier de se cottiser pour lui prêter cet argent. Etrange députation ! les régistres portent que le parlement représenta, *la nécessité & indigence du royaume, & le cas si piteux, quod non indiget manu scribentis.* Garder son argent n'était pas une de ces remontrances publiques au nom de la France.

Il en fit pour la grille d'argent de St. Martin que *François I* acheta des chanoines, & dont il devait payer l'intérêt & le principal sur ses domaines. Voilà la première remontrance pour affaire pécuniaire.

La seconde fut pour la vente de vingt charges de nouveaux conseillers au parlement de Paris, & de trente dans les provinces. Ce fut le chancelier cardinal *Duprat* qui prostitua ainsi la justice. Cette honte a duré & s'est étendue sur toute la magistrature de la France depuis 1515 jusqu'à 1771, l'espace de deux cent cinquante-cinq ans, jusqu'à-ce qu'un autre chancelier a commencé à effacer cette tache.

Depuis ce tems, le parlement remontra sur toutes sortes d'objets. Il y était autorisé par l'édit paternel de *Louïs XII* père du peuple ; *qu'on ſuive toûjours la loi malgré les ordres contraires à la loi que l'importunité pourait arracher au monarque.*

Après *François I*, le parlement fut continuellement en querelle avec le miniſtère, ou du moins en défiance. Les malheureuſes guerres de religion augmentèrent ſon crédit ; & plus il fut néceſſaire, plus il fut entreprenant. Il ſe regardait comme le tuteur des rois dès le tems de *François II.* C'eſt ce que *Charles IX* lui reprocha au tems de ſa majorité par ces propres mots.

„ Je vous ordonne de ne pas agir avec „ un roi majeur comme vous avez fait pen„ dant ſa minorité ; ne vous mêlez pas des „ affaires dont il ne vous appartient pas de „ connaître ; ſouvenez-vous que votre com„ pagnie n'a été établie par les rois que „ pour rendre la juſtice ſuivant les ordon„ nances du ſouverain. Laiſſez au roi & à „ ſon conſeil les affaires d'état ; défaites„ vous de l'erreur de vous regarder comme „ les tuteurs des rois, comme les défenſeurs „ du royaume, & comme les gardiens de „ Paris. "

Le malheur des tems l'engagea dans le parti de la ligue contre *Henri III.* Il ſoutint les *Guiſes* au point qu'après le meurtre de *Henri de Guiſe* & du cardinal ſon frère, il commença des procédures contre *Henri III*, & nomma deux conſeillers, *Pichon* & *Courtin*, pour informer.

Après la mort de *Henri III*, il ſe déclara contre *Henri le grand*. La moitié de ce corps était entraînée par la faction d'Eſpagne, & l'autre par un faux zèle de religion.

Henri IV eut un autre petit parlement auprès de lui ainſi que *Charles VII*. Il rentra comme lui dans Paris par des négociations ſecrètes plus que par la force, & il réunit les deux parlemens ainſi que *Charles VII* en avait uſé.

Tout le miniſtère du cardinal de *Richelieu* fut ſignalé par des réſiſtances fréquentes de cette compagnie ; réſiſtances d'autant plus fermes qu'elles étaient approuvées de la nation.

On connait aſſez la guerre de la fronde, dans laquelle il fut précipité par des factieux. La reine régente le transféra à Pontoiſe par une déclaration du roi ſon fils déjà majeur, datée du 3 Juillet 1652. Mais trois préſidens ſeulement & quatorze conſeillers obéirent.

Louis XIV en 1655, après l'amniſtie, vint à la grand'chambre, le fouet à la main, défendre les aſſemblées des chambres. En 1657, il ordonna l'enrégiſtrement de tout édit, &

ne permit les remontrances que dans la huitaine après l'enrégiſtrement. Tout fut tranquille ſous ſon règne.

SOUS LOUÏS XV.

Le parlement de Paris avait déja, du tems de la fronde, établi l'uſage de ne plus rendre la juſtice lorſqu'il ſe croyait lézé par le gouvernement. C'était un moyen qui ſemblait devoir forcer le miniſtère à plier ſous ſes volontés, ſans qu'on eût une rébellion à lui reprocher comme dans la minorité de *Louïs XIV*.

Il employa cette reſſource en 1718, dans la minorité de *Louïs XV*. Le duc d'*Orléans* régent l'exila à Pontoiſe en 1720.

La malheureuſe bulle *Unigenitus* le mit quelquefois aux priſes avec le cardinal de *Fleuri*.

Il ceſſa encor ſes fonctions en 1751, dans les petits troubles excités par *Chriſtophe de Beaumont* archevêque de Paris, au ſujet des billets de confeſſion & des refus de ſacremens.

Nouvelle ceſſation de ſervice en 1753. Tout le corps fut exilé dans pluſieurs villes frontières ; la grand'chambre le fut à Pontoiſe. Cet exil dura plus de quinze mois, depuis le 10 Mai 1753, juſqu'au 27 Auguſte 1754. Le roi dans cet eſpace de tems fit rendre la juſtice par des conſeillers d'état & des maîtres des requêtes. Très peu de cauſes furent plaidées devant ce nouveau tribunal. La plûpart de ceux qui étaient en procès aimèrent mieux s'accommoder ou attendre le retour du parlement. Il ſemblait que la chicane eût été exilée avec ceux qui étaient inſtitués pour la condamner.

On rappella enfin le parlement à ſes fonctions, & il revint aux acclamations de toute la France.

Deux ans après ſon retour, les eſprits étant plus aigris que jamais, le roi vint tenir un lit de juſtice à Paris en 1756 le 13 Décembre. Il ſupprima deux chambres du parlement, & fit pluſieurs réglemens pour mettre dans ce corps une police nouvelle. A peine fût-il ſorti que tous les conſeillers donnèrent leur démiſſion, à la réſerve des préſidens-à-mortier & de dix conſeillers de grand'chambre.

La cour ne croyait pas alors pouvoir établir un nouveau tribunal à ſa place. On fut de tous les côtés très aigri & très incertain.

L'attentat inconcevable de *Damiens* parut reconcilier pendant quelque tems le parlement avec la cour. Ce malheureux non moins inſenſé que coupable, accuſa ſept membres du parlement dans une lettre qu'il oſa dicter pour le roi même, & qui lui fut portée. Cette accusation absurde n'empêcha pas le roi de remettre au parlement même le jugement de *Damiens*, qui fut condamné au supplice de *Ravaillac* par ce qui restait de la grand'chambre. Plusieurs pairs & des princes du sang opinèrent.

Après l'exécution terrible du criminel faite le 28 Mars 1757, le ministère engagé dans une guerre ruineuse & funeste, négocia avec ces mêmes officiers du parlement qui avaient donné leur démission; les exilés furent rappellés.

Ce corps, à force d'avoir été humilié par la cour, eut plus d'autorité que jamais.

Il signala cette autorité en abolissant par un arrêt l'ordre des jésuites en France, & en les dépouillant de tous leurs biens (par l'arrêt du 6 Auguste 1762). Rien ne le rendit plus cher à la nation. Il fut en cela parfaitement secondé par tous les parlemens du royaume.

Il s'unissait en effet avec ces autres parlemens, & prétendait ne faire avec eux qu'un corps, dont il était le principal membre. Tous s'appellaient alors *classes du parlement*; celui de Paris était la première classe; chaque classe fesait des remontrances sur les édits, & ne les enrégistrait pas. Il y eut même quelques-uns de ces corps qui poursuivirent juridiquement les commandans de province envoyés à eux de de la part du roi pour faire enrégistrer. Quelques classes décernèrent des prises de corps contre ces officiers. Si ces décrets avaient été mis à exécution, il en aurait résulté un effet bien étrange. C'est sur les domaines royaux que se prennent les deniers dont on paye les frais de justice ; de sorte que le roi aurait payé de ses propres domaines les arrêts rendus par ceux qui lui désobéissaient contre ses officiers principaux qui avaient exécuté ses ordres.

Cette étonnante anarchie ne pouvait pas subsister ; il falait ou que la couronne reprît son autorité, ou que les parlemens prévalussent.

On avait besoin dans des conjonctures si critiques d'un chancelier tel que celui de *l'Hôpital*, on le trouva. Il falait changer toute l'administration de la justice dans le royaume, & elle fut changée.

Le roi commença par essayer de ramener le parlement de Paris ; il le fit venir à un lit de justice qu'il tint à Versailles le 7 Décembre 1770, avec les princes, les pairs & les grands-officiers de la couronne. Là, il lui défendit de se servir jamais des termes d'*unité*, d'*indivisibilité* & de *classes*.

D'envoyer aux autres parlemens d'autres mémoires que ceux qui sont spécifiés par les ordonnances.

De cesser le service, sinon dans les cas que ces mêmes ordonnances ont prévus.

De donner leur démission en corps.

De rendre jamais d'arrêt qui retarde les enrégistremens, le tout sous peine d'être cassés.

Le parlement sur cet édit solemnel, ayant encor cessé le service, le roi leur fit porter des lettres de jussion; ils désobéirent. Nouvelles lettres de jussion, nouvelle désobéissance. Enfin, le monarque poussé à bout, leur envoya pour dernière tentative le 20 Janvier à quatre heures du matin des mousquetaires qui portèrent à chaque membre un papier à signer. Ce papier ne contenait qu'un ordre de déclarer s'ils obéiraient ou s'ils refuseraient. Plusieurs voulurent interpréter la volonté du roi: les mousquetaires leur dirent qu'ils avaient ordre d'éviter les commentaires, qu'il falait un oui, ou un non.

Quarante membres signèrent ce *oui*, les autres s'en dispensèrent. Les oui étant venus le lendemain au parlement avec leurs camarades, leur demandèrent pardon d'avoir accepté, & signèrent *non*; tous furent exilés.

La justice fut encor administrée par les conseillers d'état & les maîtres des requêtes comme elle l'avait été en 1753; mais ce ne fut que par provision. On tira bientôt de ce chaos un arrangement utile.

D'abord le roi se rendit aux vœux des peuples qui ſe plaignaient depuis des ſiécles de deux griefs, dont l'un était ruineux, l'autre honteux & diſpendieux à la fois. Le premier était le reſſort trop étendu du parlement de Paris, qui contraignait les citoyens de venir de cent cinquante lieues ſe conſumer devant lui en frais qui ſouvent excédaient le capital. Le ſecond était la vénalité des charges de judicature ; vénalité qui avait introduit la forte taxation des épices.

Pour réformer ces deux abus, ſix parlemens nouveaux furent inſtitués le 23 Février de la même année, ſous le titre de *Conſeils ſupérieurs*, avec injonction de rendre gratis la juſtice. Ces conſeils furent établis dans Arras, Blois, Chalons, Clermont, Lyon, Poitiers, (en ſuivant l'ordre alphabétique.) On y en ajouta d'autres depuis.

Il falait ſurtout former un nouveau parlement à Paris, lequel ſerait payé par le roi ſans acheter ſes places, & ſans rien exiger des plaideurs. Cet établiſſement fut fait le 13 Avril. L'opprobre de la vénalité dont *François I* & le chancelier *Duprat* avaient malheureuſement ſouillé la France, fut lavé par *Louis XV* & par les ſoins du chancelier de *Maupeou*, ſecond du nom. On finit par la réforme de tous les parlemens ; & on eſpéra de voir réformer la juriſprudence.

(*Par Mr*. D. *avocat.*)

PATRIE.

NOus nous bornerons ici ſelon notre uſage à propoſer quelques queſtions que nous ne pouvons réſoudre.

Un juif a-t-il une patrie? s'il eſt né à Coimbre, c'eſt au milieu d'une troupe d'ignorans abſurdes qui argumenteront contre lui, & auxquels il ferait des réponſes abſurdes, s'il oſait répondre. Il eſt ſurveillé par des inquiſiteurs qui le feront brûler s'ils ſavent qu'il ne mange point de lard, & tout ſon bien leur appartiendra. Sa patrie eſt-elle à Coimbre? peut-il aimer tendrement Coimbre? peut-il dire comme dans les *Horaces* de Pierre Corneille,

Mon cher pays & mon premier amour....
Mourir pour la patrie eſt un ſi digne ſort
Qu'on briguerait en foule une ſi belle mort. — Tarare!

Sa patrie eſt-elle Jéruſalem? il a ouï dire vaguement qu'autrefois ſes ancêtres, quels qu'ils fuſſent, ont habité ce terrain pierreux & ſtérile, bordé d'un déſert abominable, & que les Turcs ſont maîtres aujourd'hui de ce petit pays dont ils ne retirent preſque rien. Jéruſalem n'eſt pas ſa patrie. Il n'en a point; il n'a pas ſur la terre un pied quarré qui lui appartienne.

Le Guèbre plus ancien, & cent fois plus respectable que le Juif, esclave des Turcs, ou des Persans, ou du grand-mogol, peut-il compter pour sa patrie quelques pyrées qu'il élève en secret sur des montagnes?

Le Banian, l'Arménien, qui passent leur vie à courir dans tout l'Orient, & à faire le métier de courtiers, peuvent-ils dire, ma chère patrie, ma chère patrie? Ils n'en ont d'autre que leur bourse & leur livre de compte.

Parmi nos nations d'Europe, tous ces meurtriers qui louent leurs services, & qui vendent leur sang au premier roi qui veut les payer, ont-ils une patrie? Ils en ont bien moins qu'un oiseau de proie qui revient tous les soirs dans le creux du rocher où sa mère fit son nid.

Les moines oseraient-ils dire qu'ils ont une patrie? elle est, disent-ils, dans le ciel; à la bonne heure; mais dans ce monde je ne leur en connais pas.

Ce mot de *patrie* sera-t-il bien convenable dans la bouche d'un Grec, qui ignore s'il y eut jamais un *Miltiade*, un *Agésilas*, & qui sait seulement qu'il est l'esclave d'un janissaire, lequel est esclave d'un aga, lequel est esclave d'un bacha, lequel est esclave d'un visir, lequel est esclave d'un padisha que nous appellons à Paris le *Grand-Turc* ?

Qu'est-ce donc que la patrie ? ne serait-ce pas par hazard un bon champ, dont le possesseur logé commodément dans une maison bien tenue, pourait dire, ce champ que je cultive, cette maison que j'ai bâtie sont à moi ; j'y vis sous la protection des loix qu'aucun tyran ne peut enfreindre. Quand ceux qui possèdent, comme moi, des champs & des maisons s'assemblent pour leurs intérêts communs, j'ai ma voix dans cette assemblée ; je suis une partie du tout, une partie de la communauté, une partie de la souveraineté ; voilà ma patrie. Tout ce qui n'est pas cette habitation d'hommes, n'est-elle pas une écurie de chevaux sous un palefrenier qui leur donne à son gré des coups de fouet ?

SECTION SECONDE.

Un jeune garçon pâtissier qui avait été au collège, & qui savait encor quelques phrases de *Cicéron*, se donnait un jour les airs d'aimer sa patrie. Qu'entends-tu par ta patrie ? lui dit un voisin, est-ce ton four ? est-ce le village où tu es né & que tu n'as jamais revu ? est-ce la rue où demeuraient ton père & ta mère qui se sont ruinés, & qui t'ont réduit à enfourner des petits pâtés pour vivre ? est-ce l'hôtel-de-ville où tu ne feras jamais clerc d'un quartinier ? est-ce l'église de Notre-Dame où tu n'as pu parvenir à être enfant de chœur, tandis qu'un homme absurde est archevèque & duc avec dix mille louïs-d'or de rente ?

Le garçon pâtissier ne sut que répondre. Un penseur qui écoutait cette conversation, conclut que dans une patrie un peu étendue il y avait souvent plusieurs millions d'hommes qui n'avaient point de patrie.

Toi, voluptueux Parisien, qui n'as jamais fait d'autre grand voyage que celui de Dieppe pour y manger de la marée fraiche; qui ne connais que ta maison vernie de la ville, ta jolie maison de campagne & ta loge à cet opéra où le reste de l'Europe s'obstine à s'ennuier; qui parles assez agréablement ta langue parce que tu n'en sais point d'autre, tu aimes tout cela, & tu aimes encor les filles que tu entretiens, le vin de Champagne qui t'arrive de Rheims, tes rentes que l'hôtel-de-ville te paye tous les six mois, & tu dis que tu aimes ta patrie !

En conscience, un financier aime-t-il cordialement sa patrie ?

L'officier & le soldat qui dévasteront leur quartier d'hyver si on les laisse faire, ont-ils un amour bien tendre pour les paysans qu'ils ruinent ?

Où était la patrie du duc de *Guise le*

balafré, était-ce à Nanci, à Paris, à Madrid, à Rome ?

Quelle patrie aviez-vous, cardinaux de *la Balue*, *Duprat*, *Lorraine*, *Mazarin* ?

Où fut la patrie d'*Attila* & de cent héros de ce genre, qui en courant toûjours n'étaient jamais hors de leur chemin ?

Je voudrais bien qu'on me dit quelle était la patrie d'*Abraham* ?

Le premier qui a écrit que la patrie est partout où l'on se trouve bien, est je crois Euripide dans son Phaëton.

Os pantakos ge patris es boskousa ge.

Mais le premier homme qui sortit du lieu de sa naissance pour chercher ailleurs son bien-être., l'avait dit avant lui.

PAUL.

QUESTIONS SUR PAUL.

LEs épitres de *St. Paul* sont si sublimes, qu'il est souvent difficile d'y atteindre.

Plusieurs jeunes bacheliers demandent ce que signifient précisément ces paroles ? „ Tout homme qui prie & qui prophétise „ avec un voile sur sa tête souille sa tête. "

Epitre aux Corinthiens ch. IX.

Que veulent dire celles-ci ? „ J'ai appris „ du Seigneur que la nuit même qu'il fut „ saisi il prit du pain. " I. Corint, ch. XI. ℣. 23.

Comment peut-il avoir appris cela de JESUS-CHRIST, *auquel il n'avait jamais parlé, & dont il avait été le plus cruel ennemi sans l'avoir jamais vu ? est-ce par inspiration, est-ce par le récit de ses disciples ? est-ce lorsqu'une lumière céleste le fit tomber de cheval ? il ne nous en instruit pas.*

Et celles-ci encore ? „ La femme sera sauvée si elle fait des enfans. " I. Timothée c. II.

C'est assurément encourager la population, il ne paraît pas que Paul ait fondé des couvens de filles.

Il traite d'impies, d'imposteurs, de diaboliques, de consciences cangrenées, ceux qui prêchent le célibat & l'abstinence des viandes. Timot. ch. IV.

Ceci est bien plus fort. Il semble qu'il proscrive moines, nonnes, jours de jeûnes. Expliquez-moi cela, tirez-moi d'embarras.

Que dire sur les passages où il recommande aux évêques de n'avoir qu'une femme ? *Unius uxoris virum.* Timot. chap. III. & à Tite chap. I.

Cela est positif. Jamais il n'a permis qu'un évêque eût deux femmes, lorsque les grands pontifes juifs pouvaient en avoir plusieurs.

Il dit positivement que le jugement dernier se fera de son tems, que JESUS descendra dans les nuées comme il est annoncé dans St. Luc, que lui *Paul* montera dans Thessal. ch. XIV.

l'air pour aller au devant de lui avec les habitans de Theſſalonique.

La choſe eſt-elle arrivée ? eſt-ce une allégorie, une figure ? croyait-il en effet qu'il ferait ce voyage, croyait-il avoir fait celui du troiſiéme ciel ? qu'eſt-ce que ce troiſiéme ciel ? comment ira-t-il dans l'air ? y a-t-il été ?

Epheſiens c. I. Que le DIEU de notte Seigneur JESUS-CHRIST, le père de gloire, vous donne l'eſprit de ſageſſe.

Eſt-ce là reconnaître JESUS *pour le même Dieu que le père ?*

Il a opéré ſa puiſſance ſur JESUS en le reſſuſcitant & le mettant à ſa droite.

Eſt-ce là conſtater la divinité de JESUS ?

Aux Hébreux ch. II. Vous avez rendu JESUS de peu inférieur aux anges en le couronnant de gloire.

S'il eſt inférieur aux anges eſt-il DIEU ?

Aux Romains ch. V. Si par le délit d'un ſeul pluſieurs ſont morts, la grace & le don de DIEU ont plus abondé par la grace d'un ſeul homme qui eſt JESUS-CHRIST.

Pourquoi l'appeller toûjours homme & jamais Dieu ?

Si à cauſe du péché d'un ſeul homme la mort a régné, l'abondance de grace régnera bien davantage par un ſeul homme qui eſt JESUS-CHRIST.

Toûjours homme, jamais Dieu, excepté un ſeul endroit conteſté par Eraſme, par Grotius, par Le Clerc, &c.

Nous sommes enfans de DIEU, & cohéritiers de JESUS-CHRIST. Item ch. XVI.

N'est-ce pas toûjours regarder JESUS *comme l'un de nous, quoique supérieur à nous par les graces de* DIEU ?

A DIEU seul sage, honneur & gloire par JESUS-CHRIST.

Ce mot DIEU seul, *ne semble-t-il pas exclure* JESUS *de la divinité ?*

Comment entendre tous ces passages à la lettre sans craindre d'offenser JESUS-CHRIST? comment les entendre dans un sens plus relevé sans craindre d'offenser DIEU le père?

Il y en a plusieurs de cette espèce qui ont exercé l'esprit des savans. Les commentateurs se sont combattus; & nous ne prétendons pas porter la lumière où ils ont laissé l'obscurité. Nous nous soumettons toûjours de cœur & de bouche à la décision de l'église.

Nous avons eu aussi quelques peines à bien pénétrer les passages suivans.

„ Votre circoncision profite si vous ob- Epit. aux Juifs de Rome appellés *les Romains*, ch. II.
„ servez la loi juive; mais si vous êtes pré-
„ varicateurs de la loi, votre circoncision
„ devient prépuce.

„ Or nous savons que tout ce que la loi dit
„ à ceux qui sont dans la loi, elle le dit afin
„ que toute bouche soit obstruée, & que tout Ch. III.
„ le monde soit soumis à DIEU, parce que
„ toute chair ne sera pas justifiée devant lui

„ par les œuvres de la loi, car par la loi vient „ la connaissance du péché.

Ch. IV. suite au ch. V. „ Car un seul DIEU justifie la circoncision „ par la foi, & le prépuce par la foi. Détrui„ sons-nous donc la loi par la foi ? à DIEU ne „ plaise. Car si *Abraham* a été justifié par ses „ œuvres, il en a gloire, mais non chez DIEU."

Nous osons dire que l'ingénieux & profond *Dom Calmet* lui-même, ne nous a pas donné sur ces endroits un peu obscurs, une lumière qui dissipât toutes nos ténèbres. C'est sans doute notre faute de n'avoir pas entendu les commentateurs, & d'avoir été privés de l'intelligence entière du texte, qui n'est donnée qu'aux ames privilégiées. Mais dès que l'explication viendra de la chaire de vérité, nous entendrons tout parfaitement.

(*Par le pasteur* Lélie.)

PÈRES, MÈRES, ENFANS:

LEURS DEVOIRS.

ON a beaucoup crié en France contre l'Encyclopédie, parce qu'elle avait été faite en France, & qu'elle lui fesait honneur ; on n'a point crié dans les autres pays ; au contraire, on s'est empressé de la contrefaire ou de la gâter, par la raison qu'il y avait à gagner quelque argent.

Pour nous qui ne travaillons point pour la gloire comme les encyclopédistes de Paris, nous qui ne sommes point exposés comme eux à l'envie, nous dont la petite société est cachée dans la Hesse, dans le Virtemberg, dans la Suisse, chez les Grisons, au mont Krapak, & qui ne craignons point d'avoir à disputer contre le docteur de la comédie italienne ou contre un docteur de Sorbonne, nous qui ne vendons point nos feuilles à un libraire, nous qui sommes des êtres libres, & qui ne mettons du noir sur du blanc qu'après avoir examiné autant qu'il est en nous, si ce noir poura être utile au genre-humain, nous enfin qui aimons la vertu, nous exposerons hardiment notre pensée.

Honore ton père & ta mère si tu veux vivre longtems.

J'oserais dire, Honore ton père & ta mère, dusses-tu mourir demain.

Aime tendrement, sers avec joie la mère qui t'a porté dans son sein & qui t'a nourri de son lait, & qui a supporté tous les dégoûts de ta première enfance. Remplis ces mêmes devoirs envers ton père qui t'a élevé.

Siécles à venir, jugez un Franc nommé *Louïs XIII*, qui à l'âge de seize ans commença par faire murer la porte de l'appartement de sa mère, & l'envoya en exil sans en donner la moindre raison, mais seulement parce que son favori le voulait.

Mais, Monſieur, je ſuis obligé de vous confier que mon père eſt un yvrogne, qui me fit un jour par hazard, ſans ſonger à moi, qui ne m'a donné aucune éducation que celle de me battre tous les jours quand il revenait yvre au logis. Ma mère était une coquette qui n'était occupée que de faire l'amour. Sans ma nourrice qui s'était priſe d'amitié pour moi, & qui après la mort de ſon fils m'a reçu chez elle par charité, je ſerais mort de miſère.

Eh bien, aime ta nourrice, ſalue ton père & ta mère quand tu les rencontreras. Il eſt dit dans la Vulgate, *honora patrem tuum & matrem tuam*, & non pas, *dilige*.

Fort bien, Monſieur, j'aimerai mon père & ma mère s'ils me font du bien; je les honorerai s'ils me font du mal; j'ai toûjours penſé ainſi depuis que je penſe, & vous me confirmez dans mes maximes.

Adieu mon enfant, je vois que tu proſpéreras, car tu as un grain de filoſofie dans la tête.

Encor un mot, Monſieur; ſi mon père s'appellait *Abraham*, & moi *Iſaac*; & ſi mon père me diſait, Mon fils, tu es grand & fort, porte ces fagots au haut de cette montagne pour te ſervir de bucher quand je t'aurai coupé la tête, car c'eſt DIEU qui me l'a ordonné ce matin quand il m'eſt venu voir; que me conſeilleriez-vous de faire dans cette occaſion chatouilleuſe?

Assez chatouilleuse en effet. Mais toi, que ferais-tu? car tu me parais une assez bonne tête.

Je vous avoue, Monsieur, que je lui demanderais son ordre par écrit, & cela par amitié pour lui. Je lui dirais, Mon père, vous êtes chez des étrangers qui ne permettent pas qu'on assassine son fils sans une permission expresse de DIEU duement légalisée & controllée. Voyez ce qui est arrivé à ce pauvre *Calas* dans la ville moitié française, moitié espagnole de Toulouse. On l'a roué, & le procureur-général *Riquet* a conclu à faire brûler madame *Calas* la mère, le tout sur le simple soupçon très mal conçu qu'ils avaient pendu leur fils *Marc-Antoine Calas* pour l'amour de DIEU. Je craindrais qu'il ne donnât ses conclusions contre vous & contre votre sœur, ou votre niéce madame *Sara* ma mère. Montrez-moi encor un coup une lettre de cachet pour me couper le cou, signée de la main de DIEU, & plus bas *Raphaël*, ou *Michel*, ou *Belzébuth*, sans quoi serviteur; je m'en vais chez *Pharaon* égyptiaque, ou chez le roi du désert de Guérar, qui ont été tout deux amoureux de ma mère, & qui certainement auront de la bonté pour moi. Coupez si vous voulez le cou de mon frère *Ismaël*, mais pour le mien je vous réponds que vous n'en viendrez pas à bout.

Comment! c'est raisonner en vrai sage. Le

Dictionnaire encyclopédique ne dirait pas mieux. Tu iras loin, te dis-je, je t'admire de n'avoir pas dit la moindre injure à ton père *Abraham*, & de n'avoir point été tenté de le battre. Et dis-moi, si tu étais ce *Cram* que son père *Clotaire* roi Franc fit brûler dans une grange, ou *Don Carlos* fils de ce renard *Philippe II*, ou bien ce pauvre *Alexis* fils de ce czar *Pierre* moitié héros & moitié tigre?

Ah! Monsieur, ne me parlez plus de ces horreurs: vous me feriez détester la nature humaine.

DE PÉTRONE.

TOut ce qu'on a débité sur *Néron* m'a fait examiner de plus près la satyre attribuée au consul *Caius Petronius*, que *Néron* avait sacrifié à la jalousie de *Tigillin*. Les nouveaux compilateurs de l'histoire romaine n'ont pas manqué de prendre les fragmens d'un jeune écolier, nommé *Titus Petronius*, pour ceux de ce consul, qui, dit-on, envoya à *Néron* avant de mourir cette peinture de sa cour sous des noms empruntés.

Si on retrouvait en effet un portrait fidèle des débauches de *Néron* dans le *Pétrone* qui

nous

nous reste, ce livre serait un des morceaux les plus curieux de l'antiquité.

Naudot a rempli les lacunes de ces fragmens, & a cru tromper le public. Il veut le tromper encore en assurant que la satyre de *Titus Petronius* jeune & obscur libertin, d'un esprit très peu réglé, est le *Caius Petronius* consul de Rome. Il veut qu'on voye toute la vie de *Néron* dans des avantures des plus bas coquins de l'Italie, gens qui sortent de l'école pour courir du cabaret au bordel, qui volent des manteaux, & qui sont trop heureux d'aller dîner chez un vieux sous-fermier marchand de vin, enrichi par des usures, qu'on nomme *Trimalcion*.

Les commentateurs ne doutent pas que ce vieux financier absurde & impertinent ne soit le jeune empereur *Néron*, qui après tout avait de l'esprit & des talens. Mais en vérité, comment reconnaître cet empereur dans un sot qui fait continuellement les plus insipides jeux de mots avec son cuisinier; qui se lève de table pour aller à la garderobe; qui revient à table pour dire qu'il est tourmenté de vents; qui conseille à la compagnie de ne point se retenir; qui assure que plusieurs personnes sont mortes pour n'avoir pas su se donner à propos la liberté du derrière; & qui confie à ses convives que sa grosse femme *Fortunata* fait si bien son devoir là dessus, qu'elle l'empêche de dormir la nuit.

Cette maussade & dégoûtante *Fortunata* est, dit-on, la jeune & belle *Acté* maîtresse de l'empereur. Il faut être bien impitoyablement commentateur pour trouver de pareilles ressemblances. Les convives sont, dit-on, les favoris de *Néron*. Voici quelle est la conversation de ces hommes de cour.

L'un d'eux dit à l'autre : „ De quoi ris-tu, „ visage de brebis ? fais-tu meilleure chère „ chez toi ? Si j'étais plus près de ce causeur, „ je lui aurais déja donné un soufflet. Si je „ pissais seulement sur lui, il ne saurait où „ se cacher. Il rit : de quoi rit-il ? — Je suis „ un homme libre comme les autres ; j'ai „ vingt bouches à nourrir par jour, sans „ compter mes chiens ; & j'espère mourir de „ façon à ne rougir de rien quand je serai „ mort. Tu n'es qu'un morveux : tu ne sais „ dire ni *a* ni *b* : tu ressembles à un pot de „ terre, à un cuir mouillé qui n'en est pas „ meilleur pour être plus souple. Es-tu plus „ riche que moi ? dîne deux fois. “

Tout ce qui se dit dans ce fameux repas de *Trimalcion* est à-peu-près dans ce goût. Les plus bas gredins tiennent parmi nous des discours plus honnêtes dans leurs tavernes. C'est-là pourtant ce qu'on a pris pour la galanterie de la cour des césars. Il n'y a point d'exemple d'un préjugé ſi groſſier. Il vaudrait autant dire que *le portier des chartreux* eſt un portrait délicat de la cour de *Louis XIV*.

Il y a des vers très heureux dans cette ſatyre, & quelques contes très bien faits, ſurtout celui de la matrone d'Ephèſe. La ſatyre de *Pétrone* eſt un mêlange de bon & de mauvais, de moralités & d'ordures ; elle annonce la décadence du ſiécle qui ſuivit celui d'*Auguſte*. On voit un jeune homme échappé des écoles pour fréquenter le barreau, & qui veut donner des règles & des exemples d'éloquence & de poëſie.

Il propoſe pour modèle le commencement d'un poëme ampoulé de ſa façon. Voici quelques-uns de ſes vers :

Craſſum Parthus habet : Lybico jacet æquore Magnus.
Julius ingratam perfudit ſanguine Romam ;
Et quaſi non poſſet tot tellus ferre ſepulchra,
Diviſit cineres.

„ Craſſus a péri chez les Parthes ; Pompée
„ ſur les rivages de Lybie ; le ſang de *Céſar*
„ a coulé dans Rome ; & comme ſi la terre
„ n'avait pas pu porter tant de tombeaux,
„ elle a diviſé leurs cendres. “

Peut-on voir une penſée plus fauſſe & plus extravagante ? Quoi ! la même terre ne pouvait porter trois ſépulcres ou trois urnes ? & c'eſt pour cela que *Craſſus*, *Pompée*

& *César* font morts daus des lieux différens. Eſt-ce ainſi que s'exprimait *Virgile ?*

On admire, on cite ces vers libertins :

Qualis nox illa, Dii Deæque !
Quàm mollis thorus ! Hæſimus calentes,
Et transfudimus hìnc & hìnc labellis
Errantes animas. Valete curæ.
Mortalis ego ſic perire cœpi.

Les quatre premiers vers ſont heureux ; & ſurtout par le ſujet ; car les vers ſur l'amour & ſur le vin plaiſent toûjours quand ils ne ſont pas abſolument mauvais. En voici une traduction libre. Je ne ſais ſi elle eſt du préſident *Bouhier*.

Quelle nuit ! ô tranſports, ô voluptés touchantes!
Nos corps entrelacés & nos ames errantes
Se confondaient enſemble & mouraient de plaiſir.
C'eſt ainſi qu'un mortel commença de périr.

Le dernier vers traduit mot-à-mot eſt plat, incohérent, ridicule ; il ternit toutes les graces des précédens ; il préſente l'idée funeſte d'une mort véritable. *Pétrone* ne ſait preſque jamais s'arrêter. C'eſt le défaut d'un jeune homme dont le goût eſt encor égaré. C'eſt dommage que ces vers ne ſoient pas faits pour une femme ; mais enfin il eſt évident qu'ils ne ſont pas une ſatyre de *Néron*. Ce ſont les vers d'un jeune homme dissolu qui célèbre ses plaisirs infames.

De tous les morceaux de poësie répandus en foule dans cet ouvrage, il n'y en a pas un seul qui puisse avoir le plus léger rapport avec la cour de *Néron*. Ce sont tantôt des conseils pour former les jeunes avocats à l'éloquence de ce que nous appellons *le Barreau*; tantôt des déclamations sur l'indigence des gens de lettres, des éloges de l'argent comptant, des regrets de n'en point avoir, des invocations à *Priape*, des images ou ampoulées ou lascives; & tout le livre est un amas confus d'érudition & de débauche, tel que ceux que les anciens Romains appellaient *Satura*. Enfin, c'est le comble de l'absurdité d'avoir pris de siécle en siécle cette satyre pour l'histoire secrette de *Néron*. Mais dès qu'un préjugé est établi, que de tems il faut pour le détruire!

PHILOSOPHIE.

ECrivez *filosofie*, ou *philosophie*, comme il vous plaira; mais convenez que dès qu'elle paraît, elle est persécutée. Les chiens à qui vous présentez un aliment pour lequel ils n'ont pas de goût, vous mordent.

Vous direz que je répète ; mais il faut remettre cent fois devant les yeux du genre humain que la sacrée congrégation condamna *Galilée*, & que les cuistres qui déclarèrent excommuniés tous les bons citoyens qui se soumettraient au grand *Henri IV*, furent les mêmes qui condamnèrent les seules vérités qu'on pouvait trouver dans les ouvrages de *Descartes*.

Tous les barbets de la fange théologique aboyant les uns contre les autres, aboyèrent tous contre de *Thou*, contre *La Motte le Vayer*, contre *Bayle*. Que de sottises ont été écrites par de petits écoliers Welches contre le sage *Locke* !

Ces Welches disent que *César*, *Cicéron*, *Sénèque*, *Pline*, *Marc-Aurèle*, pouvaient être philosophes, mais que cela n'est pas permis chez les Welches. On leur répond que cela est très permis & très utile chez les Français ; que rien n'a fait plus de bien aux Anglais, & qu'il est tems d'exterminer la barbarie.

Vous me repliquez qu'on n'en viendra pas à bout. Non, chez le peuple & chez les imbécilles ; mais chez tous les honnêtes gens votre affaire est faite.

PLAGIAT.

ON dit qu'originairement ce mot vient du latin *plaga*, & qu'il ſignifiait la condamnation au fouet de ceux qui avaient vendu des hommes libres pour des eſclaves. Cela n'a rien de commun avec le plagiat des auteurs, leſquels ne vendent point d'hommes, ſoit eſclaves, ſoit libres. Ils ſe vendent ſeulement eux-mêmes quelquefois pour un peu d'argent.

Quand un auteur vend les penſées d'un autre pour les ſiennes, ce larçin s'appelle *plagiat*. On pourait appeller *plagiaires* tous les compilateurs, tous les feſeurs de dictionnaires, qui ne font que répéter à tort & à travers, les opinions, les erreurs, les impoſtures, les vérités déja imprimées dans des dictionnaires précédens ; mais ce ſont du moins des plagiaires de bonne foi ; ils ne s'arrogent point le mérite de l'invention. Ils ne prétendent pas même à celui d'avoir déterré chez les anciens les matériaux qu'ils ont aſſemblés ; ils n'ont fait que copier les laborieux compilateurs du ſeiziéme ſiécle. Ils vous vendent en *in-quarto* ce que vous aviez déja en *in-folio*. Appellez-les, ſi vous voulez, *libraires*, & non pas auteurs. Rangez-les plutôt dans la classe des fripiers que dans celle des plagiaires.

Le véritable plagiat est de donner pour vôtres les ouvrages d'autrui ; de coudre dans vos rapsodies de longs passages d'un bon livre avec quelques petits changemens. Mais le lecteur éclairé voyant ce morceau de drap d'or sur un habit de bure, reconnait bientôt le voleur mal-adroit.

Ramzai qui après avoir été presbytérien dans son village d'Ecosse, ensuite anglican à Londres, puis quakre, & qui persuada enfin au célèbre *Fenelon* archevêque de Cambrai qu'il était catholique, & même qu'il avait beaucoup de penchant pour l'amour pur ; *Ramzai*, dis-je, fit les voyages de *Cyrus*, parce que son maître avait fait voyager *Télémaque*. Il n'y a jusques-là que de l'imitation. Dans ces voyages il copie les phrases, les raisonnemens d'un ancien auteur Anglais qui introduit un jeune solitaire disséquant sa chèvre morte, & remontant à DIEU par sa chèvre. Cela ressemble fort à un plagiat. Mais en conduisant *Cyrus* en Egypte, il se sert, pour décrire ce pays singulier, des mêmes expressions employées par *Bossuet* ; il le copie mot pour mot sans le citer. Voilà un plagiat dans toutes les formes. Un de mes amis le lui reprochait un jour ; *Ramzai* lui répondit qu'on pouvait se rencontrer, & qu'il n'était pas étonnant qu'il pensât comme *Fenelon*, & qu'il s'exprimât comme *Bossuet*. Cela s'appelle *être fier comme un Ecossais*.

Le plus singulier de tous les plagiats est peut-être celui du père *Barre*, auteur d'une grande histoire d'Allemagne en dix volumes. On venait d'imprimer l'*Histoire de Charles XII*, & il en prit plus de deux cent pages qu'il inséra dans son ouvrage. Il fait dire à un duc de *Lorraine* précisément ce que *Charles XII* a dit.

Il attribue à l'empereur *Arnould* ce qui est arrivé au monarque Suédois.

Il dit de l'empereur *Rodolphe* ce qu'on avait dit du roi *Stanislas*.

Valdemar roi de Dannemarck, fait & dit précisément les mêmes choses que *Charles* à Bender, &c. &c. &c.

Le plaisant de l'affaire, est qu'un journaliste voyant cette prodigieuse ressemblance entre ces deux ouvrages, ne manqua pas d'imputer le plagiat à l'auteur de l'*Histoire de Charles XII*, qui avait pourtant écrit vingt ans avant le père *Barre*.

C'est surtout en poësie qu'on se permet souvent le plagiat, & c'est assurément de tous les larcins le moins dangereux pour la société.

POLYPES.

En qualité de douteur il y a longtems que j'ai rempli ma vocation. Quand on m'a voulu perſuader que les gloſſopètres que j'ai vues ſe former dans ma campagne, étaient originairement des langues de chiens marins; que la chaux employée à ma grange n'était compoſée que de coquillages; que les coraux étaient le produit des excrémens de certains petits poiſſons; que la mer par ſes courans a formé le mont Cenis & le mont Taurus, & que *Niobé* fut autrefois changée en marbre.

Ce n'eſt pas que je n'aime l'extraordinaire, le merveilleux autant qu'aucun voyageur, & qu'aucun homme à ſyſtème. Mais pour croire fermement, je veux voir par mes yeux, toucher par mes mains, & à pluſieurs repriſes. Ce n'eſt pas même aſſez; je veux encor être aidé par les yeux & par les mains des autres.

Deux de mes compagnons qui font comme moi des queſtions ſur l'Encyclopédie, ſe ſont longtems amuſés à conſidérer avec moi en tout ſens pluſieurs de ces petites tiges qui croiſſent dans des bourbiers à côté des lentilles d'eau. Ces herbes légères qu'on appelle *polypes d'eau douce*, ont plusieurs racines, & delà vient qu'on leur a donné le nom de *polypes*. Ces petites plantes parasites ne furent que des plantes jusqu'au commencement du siécle où nous sommes. *Leuvenhoeck* s'avisa de les faire monter au rang d'animal. Nous ne savons pas s'ils y ont beaucoup gagné.

Nous pensons que pour être réputé animal, il faut être doué de la sensation. Que l'on commence donc par nous faire voir que ces polypes d'eau douce ont du sentiment, afin que nous leur donnions parmi nous droit de bourgeoisie.

Nous n'avons pas osé accorder cette dignité à la sensitive, quoiqu'elle parût y avoir les plus grandes prétentions. Pourquoi la donnerions-nous à une espèce de petit jonc? est-ce parce qu'il revient de bouture? Mais cette propriété est commune à tous les arbres qui croissent au bord de l'eau, aux saules, aux peupliers, aux trembles, &c. C'est cela même qui démontre que le polype est un végétal. Il est si léger, qu'il change de place au moindre mouvement de la goutte d'eau qui le porte. Delà on a conclu qu'il marchait. On pouvait supposer de même que les petites isles flottantes des marais de St. Omer sont des animaux, car elles changent souvent de place.

On a dit, ſes racines ſont ſes pieds, ſa tige eſt ſon corps, ſes branches ſont ſes bras; le tuyau qui compoſe ſa tige eſt percé en haut, c'eſt ſa bouche. Il y a dans ce tuyau une légère moëlle blanche, dont quelques animalcules preſqu'imperceptibles ſont très avides; ils entrent dans le creux de ce petit jonc en le feſant courber, & mangent cette pâte légère; c'eſt le polype qui prend ces animaux avec ſon muſeau & qui s'en nourrit, quoiqu'il n'y ait pas la moindre apparence de tète, de bouche, d'eſtomac.

Nous avons examiné ce jeu de la nature avec toute l'attention dont nous ſommes capables. Il nous a paru que cette production appellée *polype*, reſſemblait à un animal beaucoup moins qu'une carotte ou une aſperge. En vain nous avons oppoſé à nos yeux tous les raiſonnemens que nous avions lus autrefois. Le témoignage de nos yeux l'a emporté.

Il eſt triſte de perdre une illuſion. Nous ſavons combien il ſerait doux d'avoir un animal qui ſe reproduirait de lui-même & par bouture, & qui ayant toutes les apparences d'une plante, joindrait le règne animal au végétal.

Mais, ſi vous voulez quelque choſe de plus extraordinaire, quelque choſe de plus digne de l'obſervation des philoſophes, regardez le colimaçon qui marche un mois, deux mois entiers, après qu'on lui a coupé la tête; regardez la limaſſe incoque à qui une tête revient. Cette vérité dont tous les enfans peuvent être témoins, vaut bien l'illuſion des polypes d'eau douce.

POPULATION.

IL n'y eut que fort peu de chenilles dans mon canton l'année paſſée. Nous les tuames preſques toutes. DIEU nous en a donné plus que de feuilles cette année.

N'en eſt-il pas ainſi à-peu-près des autres animaux, & ſurtout de l'eſpèce humaine? La famine, la peſte & la guerre, les deux ſœurs venues de l'Arabie & de l'Amérique, détruiſent les hommes dans un canton. On eſt tout étonné de le trouver peuplé cent ans après.

J'avoue que c'eſt un devoir ſacré de peupler ce monde, & que tous les animaux ſont forcés par le plaiſir à remplir cette vue du grand *Demiourgos*.

Pourquoi ces peuplades ſur la terre? & à quoi bon former tant d'êtres deſtinés à ſe dévorer tous, & l'animal homme, qui semble né pour égorger son semblable d'un bout de la terre à l'autre? On m'assure que je saurai un jour ce secret; je le souhaite en qualité de curieux.

Il est clair que nous devons peupler tant que nous pouvons. Car que ferions-nous de notre matière seminale? ou sa surabondance nous rendrait malades; ou son émission nous rendrait coupables. Et l'alternative est triste.

Les sages Arabes, voleurs du désert, dans les traités qu'ils font avec tous les voyageurs, stipulent toûjours qu'on leur donnera des filles. Quand ils conquirent l'Espagne, ils imposèrent un tribut de filles. Le pays de *Médée* paye les Turcs en filles. Les flibustiers firent venir des filles de Paris dans la petite isle dont ils s'étaient emparés. Et on conte que *Romulus*, dans un beau spectacle qu'il donna aux Sabins, leur vola trois cent filles.

Je ne conçois pas pourquoi les Juifs, que d'ailleurs je révère, tuèrent tout dans Jérico jusqu'aux filles, & pourquoi ils disent dans leurs psaumes qu'il sera doux d'écraser *les enfans à la mammelle*, sans en excepter nommément les filles.

Tous les autres peuples, soit Tartares, soit Cannibales, soit Teutons ou Welches, ont eu toûjours les filles en grande recommandation.

Avec cet heureux instinct, il semble que la terre devrait être couverte d'animaux de notre espèce. Nous avons vu que le père *Petau* en comptait près de sept cent milliards en deux cent quatre-vingt ans, après l'avanture du déluge. Et ce n'est pourtant pas à la suite des *Mille & une nuit* qu'il a fait imprimer ce beau dénombrement.

Je compte aujourd'hui sur notre globule environ neuf cent millions de mes confrères, tant mâles que femelles. *Vallace* leur en accorde un million. Je me trompe, ou lui : & peut-être nous trompons-nous tout deux ; mais c'est de peu de chose, que d'un sur mille. Et dans toute l'arithmétique des historiens on se trompe bien davantage.

Je suis un peu surpris que notre arithméticien *Vallace* qui pousse le nombre de nos concitoyens jusqu'à un million, prétende dans la même page, que l'an 966 de la création, nos pères étaient au nombre de 1670 millions.

Premiérement, je voudrais qu'on m'établit bien nettement l'époque de la création ; & comme nous avons dans notre Occident près de quatre-vingt systèmes sur cet événement, il est difficile de rencontrer juste.

En ſecond lieu, les Egyptiens, les Caldéens, les Perſans, les Indiens, les Chinois, ayant tous des calculs encore plus différens, il eſt encore plus mal-aiſé de s'accorder avec eux.

Troiſiémement, pourquoi en 966 années le monde aurait-il été ſeize cent ſoixante & ſix fois plus peuplé qu'il ne l'eſt de nos jours?

Croit-on de bonne foi que l'an 1771 de notre ère vulgaire, nous ſoyons parvenus en Angleterre, en Allemagne, en France, en Italie, à former une population ſeize cent ſoixante & ſix fois plus conſidérable que du tems d'*Egbert*, de *Charlemagne* & du pape *Léon III*, qui vivaient tous il y a neuf cent ſoixante & ſix ans?

Suppoſez alors quatre millions d'hommes en Angleterre : il faudrait, ſuivant ce calcul, qu'elle contînt à préſent ſix mille quatre cent quarante millions d'Anglais; & que nous euſſions plus de Français à proportion. Suppoſons le double en France; elle contiendrait aujourd'hui douze mille huit cent quatre-vingt millions d'individus.

Pour ſauver cette abſurdité, on nous dit qu'il n'en allait pas autrefois comme de nos jours; que l'eſpèce était bien plus vigoureuſe, qu'on digérait mieux, que par conſéquent on était bien plus prolifique, & qu'on vivait

vivait plus longtems. Que n'ajoutait-on que le soleil était plus chaud & la lune plus belle ?

On nous allégue que du tems de *César*, quoique les hommes commençassent fort à dégénérer, cependant le monde était alors une fourmillière de nos bipèdes, mais qu'à présent c'est un désert. Voyez seulement les Suisses, nous dit *Vallace*; ils étaient, au rapport de *César*, au nombre de trois cent soixante & huit mille, quand ils quittèrent sagement leur pays pour aller chercher fortune à l'exemple des Cimbres.

Je ne veux que cet exemple pour faire rentrer en eux-mêmes les partisans un peu outrés du talent d'engendrer, dont ils gratifient les anciens aux dépens des modernes. Le canton de Berne par un dénombrement exact, possède seul le nombre des habitans qui désertèrent l'Helvétie entière du tems de *César*. L'espèce humaine est donc plus que doublée dans l'Helvétie depuis cette avanture.

Je crois de même l'Allemagne, la France, l'Angleterre bien plus peuplées qu'elles ne l'étaient alors. Ma raison est la prodigieuse extirpation des forêts & le nombre des grandes villes bâties & accrues depuis huit cent ans, & le nombre des arts augmenté en proportion. Voilà, je penſe, une réponſe préciſe à toutes les déclamations vagues qu'on répète tous les jours dans des livres où l'on néglige la vérité en faveur des faillies, & qui deviennent très inutiles à force d'eſprit.

L'ami des hommes ſuppoſe que du tems de *Céſar* on comptait cinquante-deux millions d'hommes en Eſpagne ; *Strabon* dit qu'elle a toûjours été mal peuplée parce que le milieu des terres manque d'eau. *Strabon* paraît avoir raiſon, & l'ami des hommes paraît ſe tromper.

Mais on nous effraye en nous demandant ce que ſont devenues ces multitudes prodigieuſes de Huns, d'Alains, d'Oſtrogoths, de Viſigoths, de Vandales, de Lombards, qui ſe répandirent comme des torrens ſur l'Europe au cinquiéme ſiécle.

Je me défie de ces multitudes ; j'oſe ſoupçonner qu'il ſuffiſait de trente ou quarante mille bêtes féroces tout-au-plus, pour venir jetter l'épouvante dans l'empire Romain gouverné par une *Pulchérie*, par des eunuques & par des moines. C'était aſſez que dix mille barbares euſſent paſſé le Danube, pour que dans chaque paroiſſe on dît au prône qu'il y en avait plus que de ſauterelles dans les plaies d'Egypte ; que c'était un fléau de DIEU ; qu'il falait faire pénitence & donner ſon argent aux couvens. La peur ſaiſiſſait tous les habitans, ils fuyaient en foule. Voyez ſeulement quel effroi un loup jetta dans le Gevaudan en 1766.

Mandrin, ſuivi de cinquante gueux, met une ville entière à contribution. Dès qu'il eſt entré par une porte, on dit à l'autre qu'il vient avec quatre mille combattans & du canon.

Si *Attila* fut jamais à la tête de cinquante mille aſſaſſins affamés, ramaſſés de province en province, on lui en donnait cinq cent mille.

Les millions d'hommes qui ſuivaient les *Xerxès*, les *Cyrus*, les *Thomiris*, les trente ou trente-quatre millions d'Egyptiens, & la Thèbe-aux-cent-portes, *& quidquid Græcia mendax audet in hiſtoria*, reſſemblent aſſez aux cinq cent mille hommes d'*Attila*. Cette compagnie de voyageurs aurait été difficile à nourrir ſur la route.

Ces Huns venaient de la Sibérie, ſoit; de-là je conclus qu'ils venaient en très petit nombre. La Sibérie n'était certainement pas plus fertile que de nos jours. Je doute que ſous le règne de *Thomiris* il y eût une ville telle que Tobolsk, & que ces déſerts affreux puſſent nourrir un grand nombre d'habitans.

Les Indes, la Chine, la Perſe, l'Aſie mineure, étaient très peuplées; je le crois ſans peine: & peut-être ne le ſont-ils pas moins de nos jours, malgré la rage deſtructive des invaſions & des guerres. Partout où la nature a mis des pâturages, le taureau ſe marie à la geniſſe, le bélier à la brebis, & l'homme à la femme.

Les déſerts de Barca, de l'Arabie, d'Oreb, de Sinaï, de Jéruſalem, de Cobi &c., ne furent jamais peuplés, ne le ſont point, & ne le ſeront jamais, à moins qu'il n'arrive quelque révolution qui change en bonne terre labourable ces horribles plaines de ſable & de cailloux.

Le terrain de la France eſt aſſez bon, & il eſt ſuffiſamment couvert de conſommateurs, puiſqu'en tout genre il y a plus de poſtulans que de places; puiſqu'il y a deux cent mille fainéans qui gueuſent d'un bout du pays à l'autre, & qui ſoutiennent leur déteſtable vie aux dépens des riches; enfin, puiſque la France nourrit près de cent mille moines, dont aucun n'a fait ſervir ſes mains à produire un épic de froment.

Vous liſez dans le grand Dictionnaire encyclopédique, à l'article *Population*, ces paroles, dans leſquelles il n'y a pas un mot de vrai.

La France s'eſt accrue de pluſieurs grandes provinces très peuplées; & cependant ſes habitans ſont moins nombreux d'un cinquiéme qu'ils ne l'étaient avant ces réunions: & ſes belles provinces que la nature ſemble avoir deſtinées à fournir des ſubſiſtances à toute l'Europe, ſont incultes.

1°. Comment des provinces très peuplées étant incorporées à un royaume, ce royaume ſerait-il moins peuplé d'un cinquiéme? a-t-il été ravagé par la peſte? S'il a perdu ce cinquiéme, le roi doit avoir perdu un cinquiéme de ſes revenus. Cependant le revenu annuel de la couronne eſt porté à près de trois cent quarante millions de livres année commune, à quarante-neuf livres & demie le marc. Cette ſomme retourne aux citoyens par le payement des rentes & des dépenſes, & ne peut encore y ſuffire.

2°. Comment l'auteur peut-il avancer que la France a perdu le cinquiéme de ſes habitans, en hommes & en femmes, depuis l'acquiſition de Strasbourg; quand il eſt prouvé, par les recherches de trois intendans, que la population eſt augmentée depuis vingt ans dans leurs généralités?

Les guerres, qui ſont le plus horrible fléau du genre-humain, laiſſent en vie l'eſpèce femelle qui le répare. Delà vient que les bons pays ſont toûjours à-peu-près également peuplés.

Les émigrations des familles entières ſont plus funeſtes. La révocation de l'édit de Nantes, & les dragonades ont fait à la France une plaie cruelle. Mais cette bleſſure eſt refermée; & le Languedoc qui eſt la province dont il eſt le plus ſorti de réformés, eſt aujourd'hui la province de France la plus peuplée, après l'Isle-de-France, & la Normandie.

3°. Comment peut-on dire que les belles provinces de France sont incultes ? En vérité c'est se croire damné en paradis. Il suffit d'avoir des yeux pour être persuadé du contraire. Mais sans entrer ici dans un long détail, considérons Lyon qui contient environ cent trente mille habitans, c'est-à-dire, autant que Rome, & non pas deux cent mille, comme dit l'abbé de *Caveirac* dans son *Apologie* de la dragonade & de la St. Barthelemi. *a*) Il n'y a point de ville ou l'on fasse meilleure chère. D'où vient cette affluence de nourritures excellentes, si ce n'est des campagnes voisines. Ces campagnes sont donc très bien cultivées ; elles sont donc riches. J'en dirai autant de toutes les villes de France. L'étranger est étonné de l'abondance qu'il y trouve, & d'être servi en vaisselle d'argent dans plus d'une maison.

Il y a des terrains indomptables, comme les Landes de Bordeaux, la partie de la Champagne nommée *pouilleuse*. Ce n'est pas assurément la mauvaise administration qui a

a) *Caveirac* a copié cette exagération de Pluche sans lui en faire honneur. Pluche dans sa *Concorde* (ou discorde) *de la géographie* page 152, donne libéralement un million d'habitans à Paris, deux cent mille à Lyon, deux cent mille à Lille qui n'en a

frappé de ſtérilité ces malheureux pays ; ils n'étaient pas meilleurs du tems des druides.

C'eſt un grand plaiſir de ſe plaindre & de cenſurer ; je l'avoue. Il eſt doux après avoir mangé d'un mouton de Préſalé, d'un veau de Rivière, d'un caneton de Rouen, d'un pluvier de Dauphiné, d'une gelinotte ou d'un coq de bruière de Franche-Comté, après avoir bu du vin de Chambertin, de Silleri, d'Aï, de Frontignan ; il eſt doux, dis-je, de plaindre dans une digeſtion un peu laborieuſe le ſort des campagnes qui ont fourni très chérement toutes ces délicateſſes. Voyagez, meſſieurs, & vous verrez ſi vous ſerez ailleurs mieux nourris, mieux abreuvés, mieux logés, mieux habillés & mieux voiturés.

Je crois l'Angleterre, l'Allemagne proteſtante, la Hollande, plus peuplées à proportion. La raiſon en eſt évidente ; il n'y a point de moines dans ces pays-là qui jurent à DIEU d'être inutiles aux hommes. Les prêtres n'ayant que très peu de choſes à faire, s'occupent à étudier & à propager. Ils font des enfant robuſtes, & leur donnent une meil-

pas vingt-cinq mille ; cent mille à Nantes, à Marſeille, à Toulouſe. Il vous débite ces menſonges imprimés avec la même confiance qu'il parle du lac Sirbon, & qu'il démontre le déluge. Et on nourrit l'eſprit de la jeuneſſe de ces extravagances !

leure éducation que n'en ont les enfans des marquis Français & Italiens.

Rome, au contraire, ſerait déſerte ſans les cardinaux, les ambaſſadeurs, & les voyageurs. Elle ne ſerait, comme le temple de *Jupiter-Ammon*, qu'un monument illuſtre. On comptait, du tems des premiers céſars, des millions d'hommes dans ce territoire ſtérile, que les eſclaves & le fumier rendaient fécond. C'était une exception à cette loi générale, que la population eſt d'ordinaire en raiſon de la bonté du ſol.

La victoire avait fertiliſé & peuplé cette terre ingrate. Une eſpèce de gouvernement la plus étrange, la plus contradictoire qui ait jamais étonné les hommes, a rendu au territoire de *Romulus* ſa première nature. Tout le pays eſt dépeuplé d'Orviette à Terracine. Rome, réduite à ſes citoyens, ne ſerait pas à Londres comme un eſt à douze ; & en fait d'argent & de commerce, elle ne ſerait pas aux villes d'Amſterdam & de Londres comme un eſt à mille.

Ce que Rome a perdu, non-ſeulement l'Europe l'a regagné ; mais la population a triplé preſque partout depuis *Charlemagne*.

Je dis triplé ; & c'eſt beaucoup ; car on ne propage point en progreſſion géométrique. Tous les calculs qu'on a faits ſur cette prétendue multiplication sont des chimères absurdes.

Si une famille d'hommes ou de singes multipliait en cette façon, la terre au bout de deux cent ans n'aurait pas de quoi les nourrir.

La nature a pourvu à conserver & à restraindre les espèces. Elle ressemble aux parques qui filaient & coupaient toûjours. Elle n'est occupée que de naissances & de destructions.

Si elle a donné à l'animal homme, plus d'idées, plus de mémoire qu'aux autres; si elle l'a rendu capable de généraliser ses idées & de les combiner; si elle l'a avantagé du don de la parole; elle ne lui a pas accordé celui de la multiplication comme aux insectes. Il y a plus de fourmis dans telle lieuë quarrée de bruières, qu'il n'y a jamais eu d'hommes sur le globe.

Quand un pays possède un grand nombre de fainéans, soyez sûr qu'il est assez peuplé, puisque ces fainéans sont logés, nourris, vêtus, amusés, respectés par ceux qui travaillent.

S'il y a trop d'habitans, si toutes les places sont prises, on va travailler & mourir à St. Domingue, à la Martinique, à Philadelphie, à Boston.

Le point principal n'eſt pas d'avoir du ſu. perflu en hommes, mais de rendre ce que nous en avons le moins malheureux qu'il eſt poſſible.

Remercions la nature de nous avoir don. né l'être dans la zone tempérée, peuplée preſque partout d'un nombre plus que ſuffi. ſant d'habitans qui cultivent tous les arts; & tâchons de ne pas gâter notre bonheur par nos ſottiſes.

POSTE.

AUtrefois ſi vous aviez eu un ami à Conſtantinople & un autre à Moſcou, vous auriez été obligé d'attendre leur retour pour apprendre de leurs nouvelles. Aujourd'hui, ſans qu'ils ſortent de leur chambre, ni vous de la vôtre, vous converſez familiérement avec eux par le moyen d'une feuille de papier. Vous pouvez même leur envoyer par la poſte un ſachet de l'apoticaire *Arnoud* contre l'apoplexie; & il eſt reçu plus infailliblement qu'il ne les guérit.

Si l'un de vos amis a beſoin de faire toucher de l'argent à Pétersbourg & l'autre à Smyrne, la poſte fait votre affaire.

Votre maîtreſſe eſt-elle à Bordeaux, & vous devant Prague avec votre régiment, elle vous aſſure réguliérement de ſa tendreſſe; vous ſavez par elle toutes les nouvelles de la ville, excepté les infidélités qu'elle vous fait.

Enfin, la poſte eſt le lien de toutes les affaires, de toutes les négociations; les abſens deviennent par elle préſens; elle eſt la conſolation de la vie.

La France où cette belle invention fut renouvellée dans nos tems barbares, a rendu ce ſervice à toute l'Europe. Auſſi n'a-t-elle jamais corrompu ce bienfait; & jamais le miniſtère qui a eu le département des poſtes n'a ouvert les lettres d'aucun particulier, excepté quand il a eu beſoin de ſavoir ce qu'elles contenaient. Il n'en eſt pas ainſi, dit-on, dans d'autres pays. On a prétendu qu'en Allemagne vos lettres en paſſant par cinq ou ſix dominations différentes, étaient lues cinq ou ſix fois, & qu'à la fin le cachet était ſi rompu qu'on était obligé d'en remettre un autre.

Mr. *Craigs* ſecrétaire d'état en Angleterre, ne voulut jamais qu'on ouvrît les lettres dans ſes bureaux; il diſait que c'était violer la foi publique, qu'il n'eſt pas permis de s'emparer d'un ſecret qui ne nous eſt pas confié, qu'il eſt ſouvent plus criminel de prendre à un homme ſes penſées que ſon argent; que cette trahiſon eſt d'autant plus mal-honnête qu'on peut la faire ſans riſque, & ſans en pouvoir être convaincu.

Pour dérouter l'empreſſement des curieux, on imagina d'abord d'écrire une partie de ſes dépêches en chiffres. Mais la partie en caractères ordinaires, ſervait quelquefois à faire découvrir l'autre. Cet inconvénient fit perfectionner l'art des chiffres qu'on appelle *ſténographie*.

On oppoſa à ces énigmes l'art de les déchiffrer; mais cet art fut très fautif & très vain. On ne réuſſit qu'à faire accroire à des gens peu inſtruits qu'on avait déchiffré leurs lettres, & on n'eut que le plaiſir de leur donner des inquiétudes. Telle eſt la loi des probabilités que dans un chiffre bien fait il y a deux cent, trois cent, quatre cent à parier contre un, que dans chaque numéro vous ne devinerez pas la ſyllabe dont il eſt repréſentatif.

Le nombre des hazards augmente avec la combinaiſon de ces numéros; & le déchiffrement devient totalement impoſſible quand le chiffre eſt fait avec un peu d'art.

Ceux qui ſe vantent de déchiffrer une lettre ſans être inſtruits des affaires qu'on y traite & ſans avoir des ſecours préliminaires, ſont de plus grands charlatans que ceux qui ſe vanteraient d'entendre une langue qu'ils n'ont point appriſe.

Quant à ceux qui vous envoyent familiérement par la poste, une tragédie en grand papier & en gros caractère avec des feuilles blanches pour y mettre vos observations, ou qui vous régalent d'un premier tome de métaphysique, en attendant le second, on peut leur dire qu'ils n'ont pas toute la discrétion requise, & qu'il y a même des pays où ils risqueraient de faire connaître au ministère qu'ils sont de mauvais poëtes & de mauvais métaphysiciens.

PRÉTENTIONS.

IL n'y a pas dans notre Europe un seul prince qui ne s'intitule *souverain* d'un pays possédé par son voisin. Cette manie politique est inconnue dans le reste du monde; jamais le roi de Boutan ne s'est dit *empereur de la Chine*, jamais le conteish Tartare ne prit le titre de *roi d'Egypte*.

Les plus belles prétentions ont toûjours été celles des papes; deux clefs en sautoir les mettaient visiblement en possession du royaume des cieux. Ils liaient & ils déliaient tout sur la terre. Cette ligature les rendait maître du continent; & les filets de *St. Pierre* leur donnait le domaine des mers.

Plusieurs savans théologiens ont cru que ces Dieux diminuèrent eux-mêmes quelques articles de leurs prétentions, lorsqu'ils furent vivement attaqués par les titans nommés *luthériens*, *anglicans*, *calvinistes*, &c. &c. Il est très vrai que plusieurs d'entre eux devinrent plus modestes, que leur cour céleste eut plus de décence; cependant, leurs prétentions se sont renouvellées dans toutes les occasions. Je n'en veux pour preuve que la conduite d'*Aldobrandin*, *Clément VIII*, envers le grand *Henri IV*, quand il falut lui donner une absolution dont il n'avait que faire, puisqu'il était absous par les évêques de son royaume & qu'il était victorieux.

Aldobrandin refusa d'abord pendant une année entière, & ne voulut pas reconnaître le duc de *Nevers* pour ambassadeur de France. A la fin il consentit à ouvrir la porte du royaume des cieux à *Henri*, aux conditions suivantes.

1°. Que *Henri* demanderait pardon de s'être fait ouvrir la porte par des sous-portiers tels que des évêques, au-lieu de s'adresser au grand-portier.

2°. Qu'il s'avouerait déchu du trône de France jusqu'à-ce qu'*Aldobrandin* le réhabilitât par la plénitude de sa puissance.

3°. Qu'il se ferait sacrer & couronner une seconde fois, la première étant nulle, puisqu'elle avait été faite ſans l'ordre exprès d'*Aldobrandin.*

4°. Qu'il chaſſerait tout les proteſtans de ſon royaume, ce qui n'était ni honnête ni poſſible. La choſe n'était pas honnête parce que les proteſtans avaient prodigué leur ſang pour le faire roi de France. Elle n'était pas poſſible parce que ces diſſidens étaient au nombre de deux millions.

5°. Qu'il ferait au plus vîte la guerre au grand-Turc, ce qui n'était ni plus honnête ni plus poſſible; puiſque le grand-Turc l'avait reconnu roi dans le tems que Rome ne le reconnaiſſait pas, & que *Henri* n'avait ni troupes, ni argent, ni vaiſſeaux pour aller faire la guerre comme un fou à ce grand-Turc ſon allié.

6°. Qu'il recevrait couché ſur le ventre tout de ſon long l'abſolution de Mr. le légat ſelon la forme ordinaire, c'eſt-à-dire, qu'il ſerait fuſtigé par Mr. le légat.

7°. Qu'il rappellerait les jéſuites chaſſés de ſon royaume par le parlement, pour l'aſſaſſinat commis ſur ſa perſonne par *Jean Châtel* leur écolier.

J'omets pluſieurs autres petites prétentions. *Henri* en fit modérer pluſieurs. Il obtint ſurtout avec bien de la peine qu'il ne ſerait fouetté que par procureur & de la propre main d'*Aldobrandin.*

Vous me direz que sa sainteté était forcée à exiger des conditions si extravagantes par le vieux démon du midi *Philippe II*, qui avait dans Rome plus de pouvoir que le pape. Vous comparerez *Aldobrandin* à un soldat poltron que son colonel conduit à la tranchée à coups de bâton.

Je vous répondrai qu'en effet *Clément VIII* craignait *Philippe II*, mais qu'il n'était pas moins attaché aux droits de sa tiare ; que c'était un si grand plaisir pour le petit-fils d'un banquier de donner le fouet à un roi de France, que pour rien au monde *Aldobrandin* n'eût voulu s'en départir.

Vous me repliquerez que si un pape voulait réclamer aujourd'hui de telles prétentions, s'il voulait donner le fouet au roi de France, ou au roi d'Espagne, ou au roi de Naples, ou au duc de Parme, pour avoir chassé les révérends pères jésuites, il risquerait d'être traité comme *Clément VII* le fut par *Charles-Quint*, & d'essuyer des humiliations beaucoup plus grandes ; qu'il faut sacrifier ses prétentions à son utilité ; qu'on doit céder au tems ; que le shérif de la Mecque doit proclamer *Ali-beg* roi d'Egypte, s'il est victorieux & affermi. Je vous répondrai que vous avez raison.

PRÊTRES

PRÊTRES DES PAYENS.

DOn *Navarette* dans une de ses lettres à *Don Juan d'Autriche*, rapporte ce discours du dalai-lama à son conseil privé.

„ Mes vénérables frères ; vous & moi nous „ savons très bien que je ne suis pas immor- „ tel ; mais il est bon que les peuples le „ croyent. Les Tartares du grand & du pe- „ tit Thibet sont un peuple de col roide & „ de lumières courtes, qui ont besoin d'un „ joug pesant & de grosses erreurs. Persua- „ dez-leur bien mon immortalité dont la „ gloire réjaillit sur vous, & qui vous pro- „ cure honneurs & richesses.

„ Quand le tems viendra où les Tartares „ seront plus éclairés, on poura leur avouer „ alors que les grands-lamas ne sont point „ immortels, mais que leurs prédécesseurs „ l'ont été ; & que ce qui était nécessaire „ pour la fondation de ce divin édifice, ne „ l'est plus quand l'édifice est affermi sur „ un fondement inébranlable.

„ J'ai eu d'abord quelque peine à faire „ distribuer aux vassaux de mon empire, les „ agrémens de ma chaise percée, proprement „ enchâssés dans des crystaux ornés de cui- „ vre doré ; mais ces monumens ont été „ reçus avec tant de respect, qu'il a falu

„ continuer cet uſage, lequel après tout ne „ répugne en rien aux bonnes mœurs, & „ qui fait entrer beaucoup d'argent dans „ notre tréſor ſacré.

„ Si jamais quelque raiſonneur impie per„ ſuade au peuple que notre derrière n'eſt pas „ auſſi divin que notre tête; ſi on ſe révolte „ contre nos reliques, vous en ſoutiendrez „ la valeur autant que vous le pourez. Et ſi „ vous êtes forcés enfin d'abandonner la ſain„ teté de notre cu, vous conſerverez toû„ jours dans l'eſprit des raiſonneurs le pro„ fond reſpect qu'on doit à notre cervelle, „ ainſi que dans un traité avec les Mon„ gules nous avons cédé une mauvaiſe pro„ vince pour être poſſeſſeurs paiſibles des „ autres.

„ Tant que nos Tartares du grand & du „ petit Thibet ne ſauront ni lire ni écrire, „ tant qu'ils ſeront groſſiers & dévots, vous „ pourez prendre hardiment leur argent, „ coucher avec leurs femmes & avec leurs „ filles, & les menacer de la colère du Dieu „ *Fo* s'ils oſent ſe plaindre.

„ Lorſque le tems de raiſonner ſera arri„ vé (car enfin il faut bien qu'un jour les „ hommes raiſonnent) vous prendrez alors „ une conduite toute oppoſée; & vous direz „ le contraire de ce que vos prédéceſſeurs „ ont dit, car vous devez changer de bride „ à meſure que les chevaux deviennent plus

„ difficiles à gouverner. Il faudra que votre „ extérieur ſoit plus grave, vos intrigues „ plus myſtérieuſes, vos ſecrets mieux gar„ dés, vos ſophiſmes plus éblouïſſans, votre „ politique plus fine. Vous êtes alors les pi„ lotes d'un vaiſſeau qui fait eau de tous „ côtés. Ayez ſous vous des ſubalternes qui „ ſoient continuellement occupés à pomper, „ à calfater, à boucher tous les trous. Vous „ voguerez avec plus de peine ; mais enfin „ vous voguerez, & vous jetterez dans l'eau „ ou dans le feu, ſelon qu'il conviendra „ le mieux, tous ceux qui voudront exa„ miner ſi vous avez bien radoubé le vaiſ„ ſeau.

„ Si les incrédules ſont ou le prince des „ Kalkas, ou le contaish des Calmouks, ou „ un prince de Caſan, ou tel autre grand „ ſeigneur qui ait malheureuſement trop d'eſ„ prit, gardez-vous bien de prendre que„ relle avec eux. Reſpectez-les, dites-leur „ toûjours que vous eſpérez qu'ils rentre„ ront dans la bonne voie. Mais pour les „ ſimples citoyens, ne les épargnez jamais ; „ plus ils ſeront gens de bien, plus vous de„ vrez travailler à les exterminer ; car ce „ ſont les gens d'honneur qui ſont les plus „ dangereux pour vous.

„ Vous aurez la ſimplicité de la colombe, „ la prudence du ſerpent, & la griffe du lion „ ſelon les lieux & ſelon les tems. "

Le dalai-lama avait à peine prononcé ces paroles que la terre trembla, les éclairs coururent d'un pôle à l'autre, le tonnerre gronda, une voix céleste se fit entendre, ADOREZ DIEU ET NON LE GRAND LAMA.

Tous les petits lamas soutinrent que la voix avait dit, *Adorez* DIEU *& le grand lama.* On le crut longtems dans le royaume du Thibet; & maintenant on ne le croit plus.

PRIVILÈGES, CAS PRIVILÉGIÉS.

L'Usage qui prévaut presque toûjours contre la raison, a voulu qu'on appellât *privilégiés* les délits des ecclésiastiques & des moines contre l'ordre civil, ce qui est pourtant très commun; & qu'on nommât *délits communs* ceux qui ne regardent que la discipline ecclésiastique; cas dont la police civile ne s'embarrasse pas, & qui sont abandonnés à la hiérarchie sacerdotale.

L'église n'ayant de jurisdiction que celle que les souverains lui ont accordée, & les juges de l'église n'étant ainsi que des juges privilégiés par le souverain, on devrait appeller *cas privilégiés* ceux qui sont de leur compétence, & *délits communs* ceux qui doivent être punis par les officiers du prince. Mais les canoniſtes qui ſont très rarement exacts dans leurs expreſſions, ſurtout lorſqu'il s'agit de la juriſdiction royale, ayant regardé un prêtre nommé *official* comme étant de droit le ſeul juge des clercs, ils ont qualifié de *privilége* ce qui appartient de droit commun aux tribunaux laïcs : & les ordonnances des rois ont adopté cette expreſſion en France.

S'il faut ſe conformer à cet uſage, le juge d'égliſe connait ſeul du délit commun ; mais il ne connait des cas privilégiés que concurremment avec le juge royal. Celui ci ſe rend au tribunal de l'officialité, mais il n'y eſt que l'aſſeſſeur du juge d'égliſe. Tout les deux ſont aſſiſtés de leur greffier, chacun rédige ſéparément, mais en préſence l'un de l'autre, les actes de la procédure. L'official qui préſide interroge ſeul l'accuſé ; & ſi le juge royal a des queſtions à lui faire, il doit requérir le juge d'égliſe de les propoſer. L'inſtruction conjointe étant achevée, chaque juge rend ſéparément ſon jugement.

Cette procédure eſt hériſſée de formalités, & elle entraîne d'ailleurs des longueurs qui ne devraient pas être admiſes dans la juriſprudence criminelle. Les juges d'égliſe qui n'ont pas fait une étude des loix & des formalités, n'instruisent guères de procédures criminelles sans donner lieu à des appels comme d'abus qui ruinent en frais le prévenu, le font languir dans les fers, ou retardent sa punition s'il est coupable.

D'ailleurs, les Français n'ont aucune loi précise qui ait déterminé quels sont les cas privilégiés. Un malheureux gémit souvent une année entière dans les cachots avant de savoir quels seront ses juges.

Les prêtres & les moines sont dans l'état & sujets de l'état. Il est bien étrange, que lorsqu'ils ont troublé la société, ils ne soient pas jugés comme les autres citoyens, par les seuls officiers du souverain.

Chez les Juifs, les grands-prêtres même n'avaient point ce privilège, que nos loix ont accordé à de simples habitués de paroisse. *Salomon* déposa le grand-pontife *Abiathar*, sans le renvoyer à la synagogue pour lui faire son procès. *a*) JESUS-CHRIST accusé devant un juge séculier & payen, ne recusa pas sa jurisdiction. *St. Paul* traduit au tribunal de *Felix* & de *Festus*, ne le déclina point.

(*a*) III. liv. des Rois chap 11. ℣. 26 & 27.

L'empereur *Constantin* accorda d'abord ce privilège aux évêques. *Honorius* & *Théodose le jeune* l'étendirent à tous les clercs, & *Justinien* le confirma.

En rédigeant l'ordonnance criminelle de 1670, le conseiller d'état *Pussort* & le président de *Novion* étaient d'avis (*b*) d'abolir la procédure conjointe, & de rendre aux juges royaux le droit de juger seuls les clercs accusés de cas privilégiés. Mais cet avis raisonnable fut combattu par le premier président de *Lamoignon*, & par l'avocat-général *Talon*. Et une loi qui était faite pour réformer nos abus, confirma le plus ridicule de tous.

(*b*) Procès verbal de l'ordonnance, pag. 43 & 44.

Une déclaration du roi du 26 Avril 1657, défend au parlement de Paris de continuer la procédure commencée contre le cardinal de *Retz* accusé de crime de lèze-majesté. La même déclaration veut que les procès des cardinaux, archevêques & évêques du royaume, accusés de crime de lèze-majesté, soient instruits & jugés par les juges ecclésiastiques, comme il est ordonné par les canons.

Mais cette déclaration contraire aux usages du royaume, n'a été enrégistrée dans aucun parlement, & ne serait pas suivie. Nos livres rapportent plusieurs arrêts qui ont décrété de prise de corps, déposé, confisqué les biens, & condamné à l'amende & à d'autres peines, des cardinaux, des archevèques & des évèques. Ces peines ont été prononcées contre l'évèque de Nantes par arrêt du 25 Juin 1455.

Contre *Jean de la Balue* cardinal & évèque d'Angers, par arrêt du 29 Juillet 1469.

Contre *Jean Hebert* évêque de Conſtance en 1480.

Contre *Louïs de Rochechouart* évêque de Nantes en 1481.

Contre *Géofroi de Pompadour* évêque de Périgueux, & *George d'Amboiſe* évêque de Montauban en 1488.

Contre *Géofroi Dintiville* évêque d'Auxerre en 1531.

Contre *Bernard Lordat* évêque de Pamiers en 1537.

Contre le cardinal de *Châtillon* évêque de Beauvais le 19 Mars 1569.

Contre *Géofroi de la Martonie* évêque d'Amiens le 9 Juillet 1594.

Contre *Gilbert Genebrard* archevêque d'Aix le 26 Janvier 1596.

Contre *Guillaume Roſe* évêque de Senlis le 5 Septembre 1598.

Contre le cardinal de *Sourdis* archevêque de Bordeaux le 17 Novembre 1615.

Le parlement de Paris décréta de priſe de corps le cardinal de *Bouillon*, & fit ſaiſir ſes biens par arrêt du 20 Juin 1710.

Le cardinal de *Mailly* archevêque de Rheims fit en 1717 un mandement tendant à détruire la paix eccléſiaſtique établie par le gouvernement. Le bourreau brûla publiquement le mandement par arrêt du parlement.

Le Sr. *Languet* évêque de Soiſſons ayant ſoutenu qu'il ne pouvait être jugé par la juſtice du roi, même pour crime de lèze-majesté, il fut condamné à dix mille livres d'amende.

Dans les troubles honteux excités par les refus de sacremens, le simple présidial de Nantes condamna l'évêque de cette ville à six mille francs d'amende pour avoir refusé la communion à ceux qui la demandaient.

En 1764 l'archevêque d'Auch, du nom de *Montillet*, fut condamné à une amende ; & son mandement, regardé comme un libelle diffamatoire, fut brûlé par le bourreau à Bordeaux.

Ces exemples ont été très fréquens. La maxime que les ecclésiastiques sont entiérement soumis à la justice du roi comme les autres citoyens, a prévalu dans tout le royaume. Il n'y a point de loi expresse qui l'ordonne. Mais l'opinion de tous les jurisconsultes, le cri unanime de la nation, & le bien de l'état sont une loi.

PROPHÊTES.

LE prophête *Jurieu* fut sifflé, les prophêtes des Cévennes furent pendus ou roués ; les prophêtes qui vinrent du Languedoc & du Dauphiné à Londres furent mis au pilori ; les prophêtes anabatistes furent condamnés à divers ſupplices ; le prophète *Savonarola* fut cuit à Florence. Et s'il eſt permis de joindre à tous ceux-là les véritables prophètes Juifs, on verra que leur deſtinée n'a pas été moins malheureuſe ; le plus grand de leurs prophètes, *St. Jean-Batiſte*, eut le cou coupé.

On prétend que *Zacharie* fut aſſaſſiné ; mais heureuſement cela n'eſt pas prouvé. Le prophète *Jeddo* ou *Addo* qui fut envoyé à Béthel à condition qu'il ne mangerait ni ne boirait, ayant malheureuſement mangé un morceau de pain, fut mangé à ſon tour par un lion, & on trouva ſes os ſur le grand chemin entre ce lion & ſon âne. *Jonas* fut avalé par un poiſſon ; il eſt vrai qu'il ne reſta dans ſon ventre que trois jours & trois nuits ; mais c'eſt toûjours paſſer ſoixante & douze heures fort mal à ſon aiſe.

Habacuc fut tranſporté en l'air par les cheveux à Babilone. Ce n'eſt pas un grand malheur à la vérité ; mais c'eſt une voiture fort incommode. On doit beaucoup ſouffrir quand on eſt ſuſpendu par les cheveux l'eſpace de trois cent milles. J'aurais mieux aimé une paire d'aîles, la jument *Borak* ou l'hyppogriphe.

Michée, fils de *Jemilla*, ayant vu le Seigneur aſſis ſur ſon trône avec l'armée du ciel à droite & à gauche, & le Seigneur ayant demandé quelqu'un pour aller tromper le roi *Achab*, le diable s'étant présenté au Seigneur, & s'étant chargé de la commission, *Michée* rendit compte de la part du Seigneur au roi *Achab* de cette avanture céleste. Il est vrai que pour récompense, il ne reçut qu'un énorme soufflet de la main du prophète *Sédékia*; il est vrai qu'il ne fut mis dans un cachot que pour quelques jours; mais enfin il est désagréable pour un homme inspiré d'être souffletté & fouré dans un cu de basse-fosse.

On croit que le roi *Amasias* fit arracher les dents au prophête *Amos* pour l'empêcher de parler. Ce n'est pas qu'on ne puisse absolument parler sans dents; on a vu de vieilles édentées très bavardes; mais il faut prononcer distinctement une prophétie, & un prophête édenté n'est pas écouté avec le respect qu'on lui doit.

Baruch essuya bien des persécutions. *Ezéchiel* fut lapidé par les compagnons de son esclavage. On ne sait si *Jérémie* fut lapidé, ou s'il fut scié en deux.

Pour *Isaïe*, il passe pour constant qu'il fut scié par ordre de *Manassé* roitelet de Juda.

Il faut convenir que c'est un méchant métier que celui de prophète. Pour un seul qui, comme *Elie*, va se promener de planètes en planètes dans un beau carrosse de lumière, traîné par quatre chevaux blancs, il y en a cent qui vont à pied, & qui sont obligés d'aller demander leur dîner de porte en porte. Ils ressemblent assez à *Homère* qui fut obligé, dit-on, de mendier dans les sept villes qui se disputèrent depuis l'honneur de l'avoir vu naître. Ses commentateurs lui ont attribué une infinité d'allégories, auxquelles il n'avait jamais pensé. On a fait souvent le même honneur aux prophètes. Je ne disconviens pas qu'il n'y eût ailleurs des gens instruits de l'avenir. Il n'y a qu'à donner à son ame un certain degré d'exaltation, comme l'a très bien imaginé un brave philosophe ou fou de nos jours.

A l'égard des véritables prophètes Juifs, il y a une très grande difficulté, c'est que plusieurs d'entr'eux étaient hérétiques samaritains. *Osée* était de la tribu d'Issacar, territoire samaritain ; *Elie* & *Elizée* eux-mêmes en étaient. Mais il est aisé de répondre à cette objection. On sait assez que l'esprit souffle où il veut, & que la grace tombe sur le sol le plus aride comme sur le plus fertile.

PROPHÉTIES.

SECTION PREMIÈRE.

IL est encor des prophêtes, nous en avions deux à Bissètre en 1723 ; l'un & l'autre se disaient *Elie*. On les fouetta, & il n'en fut plus question.

Avant les prophêtes des Cévennes qui tiraient des coups de fusil derrière les hayes au nom du Seigneur en 1704, la Hollande eut le fameux Pierre Jurieu qui publia l'*accomplissement des prophéties*. Mais que la Hollande n'en soit pas trop fière. Il était né en France dans une petite ville appellée *Mer*, de la généralité d'Orléans. Mais il faut avouer que ce ne fut qu'à Roterdam que DIEU l'appella à la prophétie.

Ce *Jurieu* vit clairement, comme bien d'autres, dans l'Apocalypse que le pape était la bête, qu'elle tenait *poculum*, *aureum plenum abominationum*, la coupe d'or pleine d'abominations ; que les quatre premières lettres de ces quatres mots latins formaient le mot *pâpâ*, que par conséquent son règne allait finir, que les Juifs rentreraient dans Jérusalem, qu'ils domineraient sur le monde entier pendant mille ans, après quoi viendrait l'antechrist, puis JESUS assis sur une nuée jugerait les vivans & les morts. Tom I. pag. 187.

Tom. II. pag. 133 & 134. *Jurieu* prophétise expressément que le tems de la grande révolution & de la chûte entière du papisme *tombera justement sur l'an* 1689, *que j'estime*, dit-il, *être le tems de la vendange apocalyptique; car les deux témoins ressusciteront en ce tems-là. Après quoi la France doit rompre avec le pape avant la fin du siècle, ou au commencement de l'autre, & le reste de l'empire antichrétien s'abolira partout.*

Cette particule disjonctive *ou*, ce signe du doute n'était pas d'un homme adroit. Il ne faut pas qu'un prophète hésite. Il peut être obscur, mais il doit être sûr de son fait.

La révolution du papisme n'étant point arrivée en 1689 comme *Pierre Jurieu* l'avait prédit, il fit faire au plus vîte une nouvelle édition où il assura que c'était pour 1690. Et ce qui est étonnant, c'est que cette édition fut suivie immédiatement d'une autre. Il s'en est falu beaucoup que le Dictonnaire de *Bayle* ait eu une pareille vogue; mais l'ouvrage de *Bayle* est resté, & *Pierre Jurieu* n'est pas même demeuré dans la bibliothèque bleue avec *Nostradamus.*

On n'avait pas alors pour un seul prophète. Un presbytérien Anglais qui étudiait à Utrecht, combattit tout ce que disait *Jurieu* sur les sept phioles & les sept trompettes de l'Apocalypse, sur le règne de mille ans, sur la converſion des Juifs, & même ſur l'antechriſt. Chacun s'appuiait de l'autorité de *Cocceïus*, de *Coterus*, de *Drabicius*, de *Comenius* grands prophêtes précédens, & de la prophéteſſe *Chriſtine*. Les deux champions ſe bornèrent à écrire; on eſpérait qu'ils ſe donneraient des ſoufflets comme Sédékia en appliqua un à Michée en lui diſant, *Devine comment l'eſprit divin a paſſé de ma main ſur ta joue.* Mot à mot, *Comment l'eſprit a-t-il paſſé de toi à moi?* Le public n'eut pas cette ſatisfaction, & c'eſt bien dommage.

SECTION SECONDE.

Il n'appartient qu'à l'égliſe infaillible de fixer le véritable ſens des prophéties; car les Juifs ont toûjours ſoutenu avec leur opiniâtreté ordinaire qu'aucune prophétie ne pouvait regarder JESUS-CHRIST; & les pères de l'égliſe ne pouvaient diſputer contre eux avec avantage, puiſque hors *St. Ephrem*, le grand *Origène* & *St. Jérôme*, il n'y eut jamais aucun père de l'égliſe qui ſût un mot d'hébreu.

Ce ne fut qu'au neuviéme ſiécle que *Raban* le maure, depuis évêque de Mayence, apprit la langue juive. Son exemple fut ſuivi de quelques autres, & alors on commença à diſputer avec les rabins ſur le ſens des prophéties.

Raban fut étonné des blasphêmes qu'ils prononçaient contre notre Sauveur, l'appellant *bâtard*, *impie*, *fils de Panther*, & disant qu'il n'est pas permis de prier DIEU sans le maudire. *Quod nulla oratio posset apud* DEUM *accepta esse nisi in ea Dominum nostrum* JESUM CHRISTUM *maledicant. Confitentes eum esse impium & filium impii, id est nescio cujus æthnici quem nominant Pandera à quo dicunt matrem Domini adulteratam.*

Vangestilius in proemis pag. 53.

Ces horribles prophanations se trouvent en plusieurs endroits dans le Talmud, dans les livres du Nizachon, dans la dispute de *Rittangel*, dans celles de *Jechiel* & de *Nacmanides* intitulées le *Rempart de la foi*; & surtout dans l'abominable ouvrage du *Toldos Jeschut*.

C'est surtout dans ce prétendu *Rempart de la foi* du rabin *Isaac*, que l'on interprete toutes les prophéties qui annoncent JESUS-CHRIST en les appliquant à d'autres personnes.

C'est-là qu'on assure que la Trinité n'est figurée dans aucun livre hébreu, & qu'on n'y trouve pas la plus légère trace de notre sainte religion. Au contraire, ils alléguent ces endroits qui, selon eux, disent que la loi mosaïque doit durer éternellement.

Le fameux passage qui doit confondre les Juifs & faire triompher la religion chrétienne, de de l'aveu de tous nos grands théologiens, est celui d'Isaïe; *Voici une vierge sera enceinte, elle enfantera un fils, & son nom sera Emmanuel; il mangera du beurre & du miel jusqu'à-ce qu'il sache rejetter le mal & choisir le bien.... Et avant que l'enfant sache rejetter le mal & choisir le bien, la terre que tu as en détestation sera abandonnée de ses deux rois.... Et l'Eternel siflera aux mouches des ruisseaux d'Egypte, & aux abeilles qui sont au pays d'Assur.... Et en ce jour là le Seigneur rasera avec un rasoir de louage le roi d'Assur, la tête & le poil des génitoires, & il achèvera aussi la barbe.... Et l'Eternel me dit, prends un grand rouleau & y écris avec une touche en gros caractère; qu'on se dépêche de butiner, prenez vîte les dépouilles.... Donc je pris avec moi de fidèles témoins, savoir Urie le sacrificateur, & Zacharie fils de Jeberecia..... Et je couchai avec la prophéteſſe; elle conçut & enfanta un enfant mâle; & l'Eternel me dit appelle l'enfant Maher-salalhes-bas. Car avant que l'enfant sache crier mon père & ma mère on enlevera la puissance de Damas, & le butin de Samarie devant le roi d'Assur.*

Le rabin *Isaac* affirme après tous les autres docteurs de sa loi, que le mot hébreu *alma* signifie tantôt une vierge, tantôt une femme mariée; que *Ruth* est appellée *alma* lorsqu'elle était mère; qu'une femme adultère est quelquefois même nommée *alma*; qu'il ne s'agit ici que de la femme du prophète *Isaïe*; que son fils ne s'appelle point *Emmanuel*, mais *Maher-salal-has-bas*; que quand ce fils mangera du beurre & du miel, les deux rois qui assiégent Jérusalem seront chassés du pays, &c.

Ainsi ces interprêtes aveugles de leur propre religion & de leur propre langue, combattent contre l'église, & disent obstinément que cette prophétie ne peut regarder JESUS-CHRIST en aucune manière.

On a mille fois réfuté leur explication dans nos langues modernes. On a employé la force, les gibets, les roues, les flammes; cependant ils ne se rendent pas encore.

Il a porté nos maladies, & il a soutenu nos douleurs, & nous l'avons cru affligé de plaies, frappé de DIEU *& affligé.*

Quelque frappante que cette prédiction puisse nous paraître, ces Juifs obstinés disent qu'elle n'a nul rapport avec JESUS-CHRIST, & qu'elle ne peut regarder que les prophêtes qui étaient persécutés pour les péchés du peuple.

Et voilà que mon serviteur prospérera, sera honoré, & élevé très haut.

Ils disent encor que cela ne regarde pas JESUS-CHRIST, mais *David*; que ce roi en effet profpéra, mais que JESUS qu'ils méconnurent ne profpéra pas.

Voici que je ferai un nouveau pacte avec la maifon d'Ifraël & avec la maifon de Juda.

Ils difent que ce paffage ne fignifie, felon la lettre & felon le fens, autre chofe finon, je renouvellerai mon pacte avec Juda & avec Ifraël. Cependant, leur pacte n'a pas été renouvellé; on ne peut faire un plus mauvais marché que celui qu'ils ont fait; n'importe, ils font obftinés.

Et toi, Bethléem d'Ephrata, qui es petite dans les milliers de Juda, il fortira pour toi un dominateur en Ifraël. & fa fortie eft depuis le commencement jufqu'au jour d'à jamais.

Ils ofent nier encor que cette prophétie foit pour JESUS-CHRIST. Ils difent qu'il eft évident que *Michée* parle de quelque capitaine natif de Bethléem, qui remportera quelque avantage à la guerre contre les Babiloniens; car il parle le moment d'après de l'hiftoire de Babilone & des fept capitaines qui élurent *Darius*. Et fi on démontre qu'il s'agit du Meffie, ils n'en veulent pas convenir.

Ces Juifs fe trompent groffiérement fur Juda qui devait être *comme un lion*, & qui n'a été que comme un âne fous les Perfes, fous *Alexandre*, fous les *Seleucides*, fous les *Ptolomées*, ſous les Romains, ſous les Arabes & ſous les Turcs.

Ils ne ſavent ce qu'ils entendent par le *Shilo*, & par la *verge*, & par la *cuiſſe de Juda.* La verge n'a été dans Juda qu'un tems très court ; ils diſent des pauvretés ; mais l'abbé *Houteville* n'en dit-il pas beaucoup davantage avec ſes phraſes, ſon néologiſme & ſon éloquence de rhéteur, qui met toûjours des mots à la place des choſes, & qui ſe propoſe des objections très difficiles pour n'y répondre que par du verbiage ?

Tout cela eſt donc peine perdue. Et quand l'abbé Français ferait encor un livre plus gros, quand il le joindrait aux cinq ou ſix mille volumes que nous avons ſur cette matière, nous en ſerions plus fatigués ſans avoir avancé d'un ſeul pas.

On ſe trouve donc plongé dans un chaos qu'il eſt impoſſible à la faibleſſe de l'eſprit humain de débrouiller jamais. On a beſoin encor une fois d'une égliſe infaillible qui juge ſans appel. Car enfin, ſi un Chinois, un Tartare, un Africain réduit au malheur de n'avoir que du bon ſens, liſait toutes ces prophéties, il lui ſerait impoſſible d'en faire l'application ni à JESUS-CHRIST, ni aux Juifs, ni à perſonne. Il ſerait dans l'étonnement, dans l'incertitude, ne concevrait rien, n'aurait pas une ſeule idée diſtincte. Il ne pourait pas faire un pas dans cet abîme ; il lui faut un guide. Prenons donc l'église pour notre guide.

PROPRIÉTÉ.

Liberty, and property : c'est le cri anglais. Il vaut mieux que *St. George & mon droit*, *St. Denis & mon joie* : c'est le cri de la nature.

De la Suisse à la Chine les paysans possèdent des terres en propres. Le droit seul de conquête a pu dans quelques pays dépouiller les hommes d'un droit si naturel.

L'avantage général d'une nation est celui du souverain, du magistrat & du peuple, pendant la paix & pendant la guerre. Cette possession des terres accordées aux paysans est-elle également utile au trône & aux sujets dans tous les tems ? Pour qu'elle le soit au trône, il faut qu'elle puisse produire un revenu plus considérable & plus de soldats.

Il faut donc voir si le commerce & la population augmenteront. Il est certain que le possesseur d'un terrain cultivera beaucoup mieux son héritage que celui d'autrui. L'esprit de propriété double la force de l'homme.

On travaille pour ſoi & pour ſa famille avec plus de vigueur & de plaiſir que pour un maître. L'eſclave qui eſt dans la puiſſance d'un autre, a peu d'inclination pour le mariage. Il craint ſouvent même de faire des eſclaves comme lui. Son induſtrie eſt étouffée; ſon ame abrutie : & ſes forces ne s'exercent jamais dans toute leur élaſticité. Le poſſeſſeur au contraire déſire une femme qui partage ſon bonheur, & des enfans qui l'aident dans ſon travail. Son épouſe & ſes fils ſont ſes richeſſes. Le terrain de ce cultivateur peut devenir dix fois plus fertile qu'auparavant ſous les mains d'une famille laborieuſe. Le commerce général ſera augmenté. Le tréſor du prince en profitera. La campagne fournira plus de ſoldats. C'eſt donc évidemment l'avantage du prince. La Pologne ſerait trois fois plus peuplée & plus riche ſi le payſan n'était pas eſclave.

Ce n'en eſt pas moins l'avantage des ſeigneurs. Qu'un ſeigneur poſſède dix mille arpens de terre cultivés par des ſerfs; dix mille arpens ne lui procureront qu'un revenu très faible, ſouvent abſorbé par les réparations, & reduit à rien par l'intempérie des ſaiſons. Que ſera-ce, ſi la terre eſt d'une plus vaſte étendue, & ſi le terrain eſt ingrat? Il ne ſera que le maître d'une vaſte ſolitude. Il ne ſera réellement riche qu'autant que ſes vaſſaux le ſeront. Son bonheur dépend du leur.

Si ce bonheur s'étend jusqu'à rendre sa terre trop peuplée, si le terrain manque à tant de mains laborieuses, (au-lieu qu'auparavant les mains manquaient au terrain) alors l'excédent des cultivateurs nécessaires se répand dans les villes, dans les ports de mer, dans les atteliers des artistes, dans les armées. La population aura produit ce grand bien; & la possession des terres accordées aux cultivateurs, sous la redevance qui enrichit les seigneurs, aura produit cette population.

Il y a une autre espèce de propriété non moins utile; c'est celle qui est affranchie de toute redevance, & qui ne paye que les tributs généraux, imposés par le souverain, pour le bien & le maintien de l'état. C'est cette propriété qui a contribué surtout à la richesse de l'Angleterre, de la France & des villes libres d'Allemagne. Les souverains qui affranchirent les terrains dont étaient composés leurs domaines, en recueillirent d'abord un grand avantage; puis qu'on acheta chérement ces franchises. Et ils en retirent aujourd'hui un bien plus grand, surtout en Angleterre & en France, par les progrès de l'industrie & du commerce.

L'Angleterre donna un grand exemple au seiziéme siécle, lorsqu'on affranchit les terres dépendantes de l'église & des moines,

C'était une chose bien odieuse, bien préjudiciable à un état de voir des hommes, voués par leur institut à l'humilité & à la pauvreté, devenus les maîtres des plus belles terres du royaume, traiter les hommes, leurs frères, comme des animaux de service, faits pour porter leurs fardeaux. La grandeur de ce petit nombre de prêtres avilissait la nature humaine. Leurs richesses particulières appauvrissait le reste du royaume. L'abus a été détruit; & l'Angleterre est devenue riche.

Dans tout le reste de l'Europe, le commerce n'a fleuri, les arts n'ont été en honneur, les villes ne se sont accrues & embellies, que quand les serfs de la couronne & de l'église ont eu des terres en propriété. Et ce qu'on doit soigneusement remarquer, c'est que si l'église y a perdu des droits qui ne lui appartenaient pas, la couronne y a gagné l'extension de ses droits légitimes. Car l'église, dont la première institution est d'imiter son législateur humble & pauvre, n'est point faite originairement pour s'engraisser du fruit des travaux des hommes; & le souverain, qui représente l'état, doit économiser le fruit de ces mêmes travaux pour le bien de l'état même, & pour la splendeur du trône. Partout où le peuple travaille pour l'église, l'état est pauvre. Partout où le peuple travaille pour lui & pour le souverain, l'état est riche.

C'eſt alors que le commerce étend partout ſes branches. La marine marchande devient l'école de la marine militaire. De grandes compagnies de commerce ſe forment. Le ſouverain trouve, dans les tems difficiles, des reſſources auparavant inconnues. Ainſi dans les états Autrichiens, en Angleterre, en France, vous voyez le prince emprunter facilement de ſes ſujets cent fois plus qu'ils n'en pouvaient arracher par la force, quand les peuples croupiſſaient dans la ſervitude.

Tous les payſans ne ſeront pas riches; & il ne faut pas qu'ils le ſoient. On a beſoin d'hommes qui n'ayent que leurs bras, & de la bonne volonté. Mais ces hommes mêmes, qui ſemblent le rebut de la fortune, participeront au bonheur des autres. Ils ſeront libres de vendre leur travail à qui voudra le mieux payer. Cette liberté leur tiendra lieu de propriété. L'eſpérance certaine d'un juſte ſalaire les ſoutiendra. Ils éleveront avec gaieté leur famille dans leurs métiers laborieux & utiles. C'eſt ſurtout cette claſſe d'hommes ſi mépriſables aux yeux des puiſſans, qui fait la pépinière des ſoldats. Ainſi, depuis le ſceptre juſqu'à la faulx & à la houlette, tout s'anime, tout proſpère, tout prend une nouvelle force par ce ſeul reſſort.

Après avoir vu s'il eſt avantageux à un tat que les cultivateurs ſoient propriétaires, il reſte à voir juſqu'où cette conceſſion peut s'étendre. Il eſt arrivé dans plus d'un royaume, que le ſerf affranchi étant devenu riche par ſon induſtrie, s'eſt mis à la place de ſes anciens maîtres appauvris par leur luxe. Il a acheté leurs terres, il a pris leurs noms. L'ancienne nobleſſe a été avilie ; & la nouvelle n'a été qu'enviée & mépriſée. Tout a été confondu. Les peuples qui ont ſouffert ces uſurpations, ont été le jouet des nations qui ſe ſont préſervées de ce fléau.

Les erreurs d'un gouvernement peuvent être une leçon pour les autres. Ils profitent du bien qu'il a fait ; ils évitent le mal où il eſt tombé.

Il eſt ſi aiſé d'oppoſer le frein des loix à la cupidité & à l'orgueil des nouveaux parvenus ; de fixer l'étendue des terrains roturiers qu'ils peuvent acheter ; de leur interdire l'acquiſition des grandes terres ſeigneuriales ; que jamais un gouvernement ferme & ſage ne poura ſe repentir d'avoir affranchi la ſervitude & d'avoir enrichi l'indigence. Un bien ne produit jamais un mal que lorſque ce bien eſt pouſſé à un excès vicieux ; & alors il ceſſe d'être bien. Les exemples des autres nations avertiſſent ; & c'eſt ce qui fait que les peuples qui ſont policés les derniers, ſurpaſſent ſouvent les maîtres dont ils ont pris les leçons.

PROVIDENCE.

J'Etais à la grille lorſque ſœur *Feſſue* diſait à ſœur *Confite* ; La providence prend un ſoin viſible de moi, vous ſavez comme j'aime mon moineau ; il était mort ſi je n'avais pas dit neuf *Ave Maria* pour obtenir ſa guériſon. Dieu a rendu mon moineau à la vie ; remercions la Ste. Vierge.

Un méthaphyſicien lui dit, Ma ſœur, il n'y a rien de ſi bon que des *Ave Maria*, ſurtout quand une fille les récite en latin dans un fauxbourg de Paris ; mais je ne crois pas que Dieu s'occupe beaucoup de votre moineau tout joli qu'il eſt ; ſongez, je vous prie, qu'il a d'autres affaires. Il faut qu'il dirige continuellement le cours de ſeize planètes & de l'anneau de Saturne, au centre deſquels il a placé le ſoleil qui eſt auſſi gros qu'un million de nos terres. Il a des milliards de milliards d'autres ſoleils, de planètes & de comètes à gouverner. Ses loix immuables & ſon concours éternel font mouvoir la nature entière ; tout eſt lié à ſon trône par une chaîne infinie dont aucun anneau ne peut jamais être hors de ſa place. Si des *Ave Maria* avaient fait vivre le moineau de ſœur *Feſſue* un inſtant de plus qu'il ne devait vivre, ces *Ave*

Maria auraient violé toutes les loix posées de toute éternité par le grand-Etre, vous auriez dérangé l'univers, il vous aurait falu un nouveau monde, un nouveau DIEU, un nouvel ordre de choses.

SOEUR FESSUE.

Quoi! vous croyez que DIEU fasse si peu de cas de sœur *Fessue*?

LE MÉTAPHYSICIEN.

Je suis fâché de vous dire que vous n'êtes comme moi qu'un petit chaînon imperceptible de la chaîne infinie; que vos organes, ceux de votre moineau & les miens, sont destinés à subsister un nombre déterminé de minutes dans ce fauxbourg de Paris.

SOEUR FESSUE.

S'il est ainsi, j'étais prédestinée à dire un nombre déterminé d'*Ave Maria*.

LE MÉTAPHYSICIEN.

Oui; mais ils n'ont pas forcé DIEU à prolonger la vie de votre moineau au delà de son terme. La constitution du monde portait que dans ce couvent, à une certaine heure, vous prononceriez comme un perroquet certaines paroles dans une certaine langue que vous n'entendez point; que cet oiseau né comme vous par l'action irrésistible des loix générales, ayant été malade ſe porterait mieux ; que vous vous imagineriez l'avoir guéri avec des paroles, & que nous aurions enſemble cette converſation.

SOEUR FESSUE.

Monſieur, ce diſcours ſent l'héréſie. Mon confeſſeur, le révérend père de *Menou*, en inférera que vous ne croyez pas à la providence.

LE MÉTAPHYSICIEN.

Je crois la providence générale, ma chère ſœur, celle dont eſt émanée de toute éternité la loi qui règle toute choſe, comme la lumière jaillit du ſoleil ; mais je ne crois point qu'une providence particulière change l'économie du monde pour votre moineau ou pour votre chat.

SOEUR FESSUE.

Mais pourtant, ſi mon confeſſeur vous dit comme il me l'a dit à moi, que DIEU change tous les jours ſes volontés en faveur des ames dévotes ?

LE MÉTAPHYSICIEN.

Il me dira la plus platte bêtiſe qu'un confeſſeur de filles puiſſe dire à un homme qui penſe.

SOEUR FESSUE.

Mon confesseur une bête ! sainte Vierge *Marie !*

LE MÉTAPHYSICIEN.

Je ne dis pas cela ; je dis qu'il ne pourait justifier que par une bêtise énorme, les faux principes qu'il vous a insinués, peut-être fort adroitement, pour vous gouverner.

SOEUR FESSUE.

Ouais ! j'y penserai ; cela mérite réflexion.

PUISSANCE, TOUTE-PUISSANCE.

JE suppose que celui qui lira cet article est convaincu que ce monde est formé avec intelligence, & qu'un peu d'astronomie & d'anatomie suffisent pour faire admirer cette intelligence universelle & suprême.

Encor une fois, *Mens agitat molem.*

Peut-il savoir par lui-même si cette intelligence est toute-puissante, c'est-à-dire infiniment puissante ? a-t-il la moindre notion de l'infini pour comprendre ce que c'est qu'une puissance infinie ?

Le célèbre hiſtorien philoſophe *David Hume* dit, „ Un poids de dix onces eſt enlevé „ dans la balance par un autre poids; donc „ cet autre poids eſt de plus de dix onces; „ mais on ne peut apporter de raiſon pourquoi il doit être de cent. “ *Particular providence* Pag. 359.

On peut dire de même; Tu reconnais une intelligence ſuprême aſſez forte pour te former, pour te conſerver un tems limité, pour te récompenſer, pour te punir. En ſais-tu aſſez pour te démontrer qu'elle peut davantage?

Comment peux-tu te prouver par ta raiſon que cet Etre peut plus qu'il n'a fait?

La vie de tous les animaux eſt courte. Pouvait-il la faire plus longue?

Tous les animaux ſont la pâture les uns des autres ſans exception. Tout naît pour être dévoré. Pouvait-il former ſans détruire?

Tu ignores quelle eſt ſa nature. Tu ne peux donc ſavoir ſi ſa nature ne l'a pas forcé de ne faire que les choſes qu'il a faites.

Ce globe n'eſt qu'un vaſte champ de deſtruction & de carnage. Ou le grand-Etre a pu en faire une demeure éternelle de délices pour tous les êtres ſenſibles, ou il ne l'a pas pu. S'il l'a pu & s'il ne l'a pas fait, crain de le regarder comme malfeſant. Mais s'il ne l'a pas pu, ne crains point de le regarder comme une puiſſance très grande circonſcrite par ſa nature dans ſes limites.

Qu'elle ſoit infinie ou non, cela ne t'importe. Il eſt indifférent à un ſujet que ſon maître poſſède cinq cent lieues de terrain ou cinq mille, il n'en eſt ni plus ni moins ſujet.

Lequel ſerait plus injurieux à cet Etre ineffable ou de dire, il a fait des malheureux ſans pouvoir s'en diſpenſer, ou il les a faits pour ſon plaiſir ?

Pluſieurs ſectes le repréſentent comme cruel; d'autres, de peur d'admettre un DIEU méchant, ont l'audace de nier ſon exiſtence. Ne vaut-il pas mieux dire que probablement la néceſſité de ſa nature & celle des choſes ont tout déterminé ?

Le monde eſt le théâtre du mal moral & du mal phyſique ; on ne le ſent que trop ; & le *Tout eſt bien* de *Shaftsburi*, de *Bolingbroke* & de *Pope*, n'eſt qu'un paradoxe de bel eſprit, une mauvaiſe plaiſanterie.

Les deux principes de *Zoroaſtre* & de *Manès* tant reſſaſſés par *Bayle*, ſont une plaiſanterie plus mauvaiſe encore. Ce ſont, comme on l'a déja obſervé, les deux médecins de *Molière* dont l'un dit à l'autre, Paſſez-moi l'émétique, & je vous paſſerai la ſaignée. Le manichéiſme eſt abſurde ; & voilà pourquoi il a eu un ſi grand parti.

J'avoue que je n'ai point été éclairé par tout ce que dit *Bayle* ſur les manichéens & ſur

ſur les pauliciens. C'eſt de la controverſe ; j'aurais voulu de la pure philoſophie. Pourquoi parler de nos myſtères à *Zoroaſtre ?* dès que vous oſez traiter nos myſtères qui ne veulent que de la foi & non du raiſonnement, vous vous ouvrez des précipices.

Le fatras de notre théologie ſcolaſtique n'a rien à faire avec le fatras des rêveries de *Zoroaſtre.*

Pourquoi diſcuter avec *Zoroaſtre* le péché originel ? il n'en a jamais été queſtion que du tems de *St. Auguſtin.* *Zoroaſtre* ni aucun légiſlateur de l'antiquité n'en avait entendu parler.

Si vous diſputez avec *Zoroaſtre*, mettez ſous la clef l'ancien & le nouveau Teſtament qu'il ne connaiſſait pas ; & qu'il faut révérer ſans vouloir les expliquer.

Qu'aurai-je donc dit à *Zoroaſtre ?* ma raiſon ne peut admettre deux Dieux qui ſe combattent, cela n'eſt bon que dans un poéme où *Minerve* ſe querelle avec *Mars*. Ma faible raiſon eſt bien plus contente d'un ſeul grand-Etre dont l'eſſence était de faire, & qui a fait tout ce que ſa nature lui a permis, qu'elle n'eſt ſatisfaite de deux grands êtres dont l'un gâte tous les ouvrages de l'autre. Votre mauvais principe *Arimane* n'a pu déranger une ſeule des loix aſtronomiques & phyſiques du bon principe *Oromaze* ; tout marche avec la plus grande régularité dans les cieux. Pourquoi le méchant *Arimane* n'aurait-il eu de puissance que sur ce petit globe de la terre ?

Si j'avais été *Arimane* j'aurais attaqué *Orosmade* dans ses belles & grandes provinces de tant de soleils & d'étoiles. Je ne me serais pas borné à lui faire la guerre dans un petit village.

Il y a beaucoup de mal dans ce village. Mais d'où savons-nous que ce mal n'était pas inévitable ?

Vous êtes forcé d'admettre une intelligence répandue dans l'univers ; mais 1°. savez-vous, par exemple, si cette puissance s'étend jusqu'à prévoir l'avenir. Vous l'avez assuré mille fois ; mais vous n'avez jamais pu ni le prouver, ni le comprendre. Vous ne pouvez savoir comment un être quelconque voit ce qui n'est pas. Or l'avenir n'est pas ; donc nul être ne peut le voir. Vous vous réduisez à dire qu'il prévoit ; mais prévoir c'est conjecturer. *a*)

Or un DIEU qui, selon vous, conjecture, peut se tromper. Il s'est réellement trompé dans votre système ; car s'il avait prévu que son ennemi empoisonnerait ici-bas toutes ses œuvres, il ne les aurait pas produites ; il ne se serait pas préparé lui-même la honte d'être continuellement vaincu.

a) C'est le sentiment des sociniens.

2°. Ne lui fais-je pas bien plus d'honneur en disant qu'il a fait tout par la nécessité de sa nature, que vous ne lui en faites en lui suscitant un ennemi qui défigure, qui souille, qui détruit ici-bas toutes ses œuvres ?

3°. Ce n'est point avoir de DIEU une idée indigne, que de dire qu'ayant formé des milliards de mondes où la mort & le mal n'habitent point, il a falu que le mal & la mort habitassent dans celui-ci.

4°. Ce n'est point rabaisser DIEU que de dire qu'il ne pouvait former l'homme sans lui donner de l'amour-propre; que cet amour-propre ne pouvait le conduire sans l'égarer presque toûjours; que ses passions sont nécessaires, mais qu'elles sont funestes; que la propagation ne peut s'exécuter sans désirs; que ces désirs ne peuvent animer l'homme sans querelles, que ces querelles amènent nécessairement des guerres, &c.

5°. En voyant une partie des combinaisons du règne végétal, animal & minéral, & ce globe percé partout comme un crible d'où tant d'exhalaisons s'échappent en foule, quel sera le philosophe assez hardi ou le scolastique assez imbécille pour voir clairement que la nature pouvait arrêter les effets des volcans, les intempéries de l'atmosphère, la violence des vents, les pestes & tous les fléaux destructeurs ?

6°. Il faut être bien puissant, bien fort,

bien induſtrieux pour avoir formé des lions qui dévorent des taureaux, & produit des hommes qui inventent des armes pour tuer d'un ſeul coup non-ſeulement les taureaux & les lions, mais encor pour ſe tuer les uns les autres. Il faut être très puiſſant pour avoir fait naître des araignées qui tendent des filets pour prendre des mouches ; mais ce n'eſt pas être tout-puiſſant, infiniment puiſſant.

7°. Si le grand-Etre avait été infiniment puiſſant, il n'y a nulle raiſon pour laquelle il n'aurait pas fait les animaux ſenſibles infiniment heureux ; il ne l'a pas fait, donc il ne l'a pas pu.

8°. Toutes les ſectes des philoſophes ont échoué contre l'écueil du mal phyſique & moral. Il ne reſte que d'avouer que DIEU ayant agi pour le mieux n'a pu agir mieux.

9°. Cette néceſſité tranche toutes les difficultés & finit toutes les diſputes. Nous n'avons pas le front de dire *tout eſt bien* ; nous diſons tout eſt le moins mal qu'il ſe pouvait.

10°. Pourquoi un enfant meurt-il ſouvent dans le ſein de ſa mère ? pourquoi un autre ayant eu le malheur de naître, eſt-il réſervé à des tourmens auſſi longs que ſa vie, terminés par une mort affreuſe ?

Pourquoi la ſource de la vie a-t-elle été empoiſonnée dans toute la terre depuis la découverte de l'Amérique ? pourquoi depuis le ſeptiéme ſiécle de notre ère vulgaire la petite vérole emporte-t-elle la huitiéme partie du genre-humain? pourquoi de tout tems les veſſies ont-elles été ſujettes à être des carrières de pierres? pourquoi la peſte, la guerre, la famine & l'inquiſition? Tournez-vous de tous les ſens; vous ne trouverez d'autre ſolution ſinon que tout a été néceſſaire.

Je parle ici aux ſeuls philoſophes & non pas aux théologiens. Nous ſavons bien que la foi eſt le fil du labyrinthe. Nous ſavons que la chûte d'*Adam* & d'*Eve*, le péché originel, la puiſſance immenſe donnée aux diables; la prédilection accordée par le grand-Etre au peuple Juif, & le batême ſubſtitué à l'amputation du prépuce ſont les réponſes qui éclairciſſent tout. Nous n'avons argumenté que contre *Zoroaſtre* & non contre l'univerſité de Conimbre ou Coïmbre, à laquelle nous nous ſoumettons dans tous nos articles.

PUISSANCE,

LES DEUX PUISSANCES.

QUiconque tient le ſceptre & l'encenſoir a les deux mains fort occupées. On peut le regarder comme un homme fort habile, s'il commande à des peuples qui ont le ſens commun. Mais s'il n'a à faire qu'à des imbécilles, à des eſpèces de ſauvages, on peut le comparer au cocher de *Bernier* que ſon maître rencontra un jour dans un carrefour de Déli arranguant la populace & lui vendant de l'orviétan. Quoi! *Lapierre*, lui dit *Bernier*, tu es devenu médecin; Oui, monſieur, lui répondit le cocher, tel peuple, tel charlatan.

Le daïri des Japonois, le dalai-lama du Thibet auraient pu en dire autant. *Numa Pompilius* même avec ſon *Egerie*, aurait fait la même réponſe à *Bernier*. *Melchiſedec* était probablement dans le cas, auſſi-bien que cet *Anius* dont parle *Virgile* au troiſiéme chant de l'Eneide.

> *Rex Anius, rex idem hominum phœbique ſacerdos*
> *Vittis & ſacra redimitus tempora lauro.*

Je ne ſais quel tranſlateur du ſeiziéme ſiécle, a tranſlaté ainſi ces vers de *Virgile.*

> Anius qui fut roi tout ainſi qu'il fut prêtre,
> Mange à deux atteliers, & doublement eſt maître.

Ce charlatan *Anius* n'était roi que de l'iſle de Délos, très chétif royaume, qui après celui de Melchiſedec & d'Ivetot était un des moins conſidérables de la terre; mais le culte d'*Apollon* lui avait donné une grande réputation : il suffit d'un saint pour mettre tout un pays en crédit.

Trois électeurs Allemands sont plus puissans qu'*Anius*, & ont comme lui le droit de mître & de couronne, quoique subordonnés, du moins en apparence, à l'empereur Romain qui n'est que l'empereur d'Allemagne. Mais de tous les pays où la plénitude du sacerdoce, & la plénitude de la royauté constitue la puissance la plus pleine qu'on puisse imaginer, c'est Rome moderne.

Le pape est regardé dans la partie de l'Europe catholique comme le premier des rois, & le premier des prêtres. Il en fut de même dans la Rome qu'on appelle *payenne*; Jules César était à la fois grand-pontife, dictateur, guerrier, vainqueur, très éloquent, très galant, en tout le premier des hommes; & à qui nul moderne n'a pu être comparé, excepté dans une épitre dédicatoire.

Le roi d'Angleterre possède à-peu-près les mêmes dignités que le pape en qualité de chef de l'église.

L'impératrice de Russie est aussi maîtresse absolue de son clergé dans l'empire le plus vaste qui soit sur la terre. L'idée qu'il peut y avoir deux puissances opposées l'une à l'autre dans un même état, y est regardée par le clergé même comme une chimère aussi absurde que pernicieuse.

Je dois rapporter à ce propos une lettre que l'impératrice de Russie *Catherine II* daigna m'écrire au mont Krapac le 22 Avril 1765, & dont elle m'a permis de faire usage dans l'occasion.

„ Des capucins qu'on tolère à Moscou „ (car la tolérance est générale dans cet em- „ pire, il n'y a que les jésuites qui n'y sont „ pas soufferts) s'étant opiniâtrés cet hyver „ à ne pas vouloir enterrer un Français qui „ était mort subitement, sous prétexte qu'il „ n'avait pas reçu les sacremens; *Abraham* „ *Chaumeix* fit un factum contre eux, pour „ leur prouver qu'ils devaient enterrer un „ mort; mais ce factum, ni deux réquisi- „ tions du gouverneur ne purent porter ces „ pères à obéir. A la fin on leur fit dire de „ choisir ou de passer la frontière, ou d'en- „ terrer ce Français; ils partirent, & j'en- „ voyai d'ici des augustins plus dociles, qui „ voyant qu'il n'y avait pas à badiner, fi- „ rent tout ce qu'on voulut.

„ Voilà donc *Abraham Chaumeix* en Russie „ qui devient raisonnable; il s'oppose à la „ persécution. S'il prenait de l'esprit, il ferait „ croire les miracles aux plus incrédules; „ mais tous les miracles du monde n'efface-

» ront pas sa honte d'avoir été le délateur
» de l'Encyclopédie.

. . . .

« Les sujets de l'église souffrant des vexations souvent tyranniques, auxquelles les fréquens changemens de maîtres contribuaient beaucoup, se révoltèrent vers la fin du règne de l'impératrice *Elizabeth*, & ils étaient à mon avénement plus de cent mille en armes. C'est ce qui fit qu'en 1762 j'exécutai le projet de changer entiérement l'administration des biens du clergé, & de fixer ses revenus. *Arsène* évêque de Rostou, s'y opposa, poussé par quelques uns de ses confrères, qui ne trouvèrent pas à propos de se nommer. Il envoya deux mémoires où il voulait établir le principe absurde des deux puissances. Il avait déja fait cette tentative du tems de l'impératrice *Elizabeth*; on s'était contenté de lui imposer silence, mais son insolence & sa folie redoublant, il fut jugé par le métropolitain de Novogorod, & par le synode entier, condamné comme fanatique, coupable d'une entreprise contraire à la foi orthodoxe, autant qu'au pouvoir souverain; déchu de sa dignité & de la prêtrise, & livré au bras séculier. Je lui fis grace, & je me contentai de le réduire à la condition de moine. «

Telles sont ses propres paroles ; il en résulte qu'elle sait soutenir l'église & la contenir ; qu'elle respecte l'humanité autant que la religion ; qu'elle protège le laboureur autant que le prêtre ; que tous les ordres de l'état doivent la bénir.

J'aurai encor l'indiscrétion de transcrire ici un passage d'une de ses lettres.

„ La tolérance est établie chez nous, elle „ fait loi de l'état ; il est défendu de persécu- „ ter. Nous avons, il est vrai, des fanati- „ ques, qui faute de persécution, se brûlent „ eux-mêmes ; mais si ceux des autres pays „ en fesaient autant, il n'y aurait pas grand „ mal, le monde en serait plus tranquille, „ & *Calas* n'aurait pas été roué. "

Ne croyez pas qu'elle écrive ainsi par un enthousiasme passager & vain qu'on désavoue ensuite dans la pratique, ni même par le désir louable d'obtenir dans l'Europe les suffrages des hommes qui pensent & qui enseignent à penser. Elle pose ces principes pour base de son gouvernement. Elle a écrit de sa main dans le conseil de législation, ces paroles qu'il faut graver aux portes de toutes les villes.

„ Dans un grand empire, qui étend sa „ domination sur autant de peuples divers „ qu'il y a de différentes croyances parmi „ les hommes, la faute la plus nuisible serait „ l'intolérance. "

Remarquez qu'elle n'hésite pas de mettre

l'intolérance au rang des fautes, j'ai presque dit des délits. Ainsi une impératrice despotique détruit dans le fond du nord la persécution & l'esclavage. Tandis que dans le midi.....

a) Jugez après cela, monsieur, s'il se trouvera un honnête homme dans l'Europe qui ne sera pas prêt de signer le panégyrique que vous méditez. Non-seulement cette princesse est tolérante, mais elle veut que ses voisins le soient. Voilà la première fois qu'on a déployé le pouvoir suprême pour établir la liberté de conscience. C'est la plus grande époque que je connaisse dans l'histoire moderne.

C'est à-peu-près ainsi que les anciens Persans défendirent aux Carthaginois d'immoler des hommes.

Plût-à-DIEU qu'au-lieu des barbares qui fondirent autrefois des plaines de la Scythie & des montagnes de l'Immaüs & du Caucase vers les Alpes & les Pyrénées pour tout ravager, on vît descendre aujourd'hui des armées pour renverser le tribunal de l'inquisition, tribunal plus horrible que les sacrifices de sang humain tant reprochés à nos pères !

Enfin, ce génie supérieur veut faire entendre à ses voisins ce que l'on commence à comprendre en Europe, que des opinions métaphysiques inintelligibles, qui sont les filles

a) Ceci est tiré d'une lettre du citoyen du mont Krapac, dans laquelle se trouve l'extrait de la lettre de l'impératrice.

de l'absurdité, sont les mères de la discorde; & que l'église au-lieu de dire, Je viens apporter le glaive & non la paix, doit dire hautement, J'apporte la paix & non le glaive. Aussi l'impératrice ne veut-elle tirer l'épée que contre ceux qui veulent opprimer les dissidens.

QUESTION, TORTURE.

J'Ai toûjours présumé que la question, la torture avait été inventée par des voleurs qui étant entrés chez un avare & ne trouvant point son trésor, lui firent souffrir mille tourmens jusqu'à-ce qu'il le découvrît.

On a dit souvent que la question était un moyen de sauver un coupable robuste, & de perdre un innocent trop faible; que chez les Athéniens on ne donnait la question que dans les crimes d'état; que les Romains n'appliquèrent jamais à la torture un citoyen Romain pour savoir son secret.

Que le tribunal abominable de l'inquisition renouvella ce supplice, & que par conséquent il doit être en horreur à toute la terre.

Qu'il est aussi absurde d'infliger la torture pour parvenir à la connaissance d'un crime, qu'il était absurde d'ordonner autrefois le duel pour juger un coupable; car souvent le coupable était vainqueur, & souvent le coupable vigoureux & opiniâtre résiste à la question tandis que l'innocent débile y succombe.

Que cependant le duel était appellé le *jugement de* DIEU, & qu'il ne manque plus que d'appeller la torture le *jugement de* DIEU.

Que la torture est un supplice plus long & plus douloureux que la mort; qu'ainsi on punit l'accusé avant d'être certain de son crime, & qu'on le punit plus cruellement qu'en le fesant mourir.

Que mille exemples funestes ont dû désabuser les législateurs de cet usage affreux.

Que cet usage est aboli dans plusieurs pays de l'Europe, & qu'on voit moins de grands crimes dans ces pays que dans le nôtre où la torture est pratiquée.

On demande après cela pourquoi la torture est toûjours admise chez les Français qui passent pour un peuple doux & agréable ?

On répond que cet affreux usage subsiste encor parce qu'il est établi; on avoue qu'il y a beaucoup de personnes douces & agréables en France, mais on nie que le peuple soit humain.

Si on donne la question à des *Jacques Clément*, à des *Jean Châtel*, à des *Ravaillac*, à des *Damiens*, personne ne murmurera, il s'agit de la vie d'un roi & du salut de tout l'état. Mais que des juges d'Abbeville condamnent à la torture un jeune officier pour savoir quels sont les enfans qui ont chanté avec lui une vieille chanſon, qui ont paſſé devant une proceſſion de capucins ſans ôter leur chapeau, j'oſe preſque dire que cette horreur perpétrée dans un tems de lumières & de paix, eſt pire que les maſſacres de la St. Barthelemi commis dans les ténèbres du fanatiſme.

Nous l'avons déja inſinué ; & nous voudrions le graver bien profondément dans tous les cerveaux & dans tous les cœurs.

RAVAILLAC.

J'Ai connu dans mon enfance un chanoine de Peronne, âgé de quatre-vingt douze ans, qui avait été élevé par un des plus furieux bourgeois de la ligue. Il diſait toûjours, *Feu monſieur de Ravaillac.* Ce chanoine avait conſervé pluſieurs manuſcrits très curieux de ces tems apoſtoliques, quoiqu'ils ne fiſſent pas beaucoup d'honneur à ſon parti ; en voici un qu'il laiſſa à mon oncle.

DIALOGUE d'un page du duc de Sully, *& de maître* Fileſac, *docteur de Sorbonne, l'un des deux confeſſeurs de* Ravaillac.

MAÎTRE FILESAC.

Dieu merci, mon cher enfant, *Ravaillac* eſt mort comme un ſaint. Je l'ai entendu en confeſſion ; il s'eſt repenti de ſon péché, & a fait un ferme propos de n'y plus retomber. Il voulait recevoir la ſainte communion ; mais ce n'eſt pas ici l'uſage comme à Rome ; ſa pénitence lui en a tenu lieu, & il eſt certain qu'il eſt en paradis.

LE PAGE.

Lui en paradis ? dans le jardin ? lui ! ce monſtre !

MAITRE FILESAC.

Oui, mon bel enfant, dans le jardin, dans le ciel, c'eſt la même choſe.

LE PAGE.

Je le veux croire ; mais il a pris un mauvais chemin pour y arriver.

MAITRE FILESAC.

Vous parlez en jeune huguenot. Apprenez que ce que je vous dis eſt de foi. Il a eu l'attrition, & cette attrition jointe au ſacrement de confeſſion, opère immanquablement ſalvation, qui mène droit en paradis où il prie maintenant DIEU pour vous.

LE PAGE.

Je ne veux point du tout qu'il parle à DIEU de moi. Qu'il aille au diable avec ſes prières & ſon attrition.

MAITRE FILESAC.

Dans le fond c'était une bonne ame. Son zèle l'a emporté, il a mal fait, mais ce n'était pas en mauvaiſe intention ; car dans tous ſes interrogatoires il a répondu qu'il n'avait aſſaſſiné le roi que parce qu'il allait faire la guerre au pape, & que c'était la faire à DIEU. Ses ſentimens étaient fort chrétiens. Il eſt ſauvé, vous dis-je ; il était lié, & je l'ai délié.

LE PAGE.

Ma foi, plus je vous écoute, plus vous me paraiſſez un homme à lier vous-même. Vous me faites horreur.

MAITRE FILESAC.

C'eſt que vous n'êtes pas encor dans la bonne voie ; vous y ſerez un jour. Je vous ai toûjours dit que vous n'étiez pas loin du royaume des cieux, mais le moment n'eſt pas encor venu.

LE PAGE.

Le moment ne viendra jamais de me faire croire que vous avez envoyé *Ravaillac* en paradis.

MAITRE FILESAC.

Dès que vous ſerez converti, comme je l'eſpère, vous le croirez comme moi ; mais en attendant, ſachez que vous & le duc de

Sully

Sully votre maître, vous serez damnés à toute éternité avec *Juda Iscariote* & le mauvais riche, tandis que *Ravaillac* est dans le sein d'*Abraham*.

LE PAGE.

Comment coquin !

MAITRE FILESAC.

Point d'injures, petit fils ; il est défendu d'appeller son frère *Raca*. On est alors coupable de la gehenne ou gebenne du feu. Souffrez que je vous endoctrine sans vous fâcher.

LE PAGE.

Va, tu me parais si raka que je ne me fâcherai plus.

MAITRE FILESAC.

Je vous disais donc, qu'il est de foi que vous serez damné ; & malheureusement notre cher *Henri IV* l'est déja, comme la Sorbonne l'avait toûjours prévu.

LE PAGE.

Mon cher maître damné ! attends, attends, scélérat, un bâton, un bâton.

MAITRE FILESAC.

Calmez-vous, petit fils, vous m'avez promis de m'écouter patiemment. N'est-il pas vrai que le grand *Henri* eſt mort ſans confeſſion ? n'eſt-il pas vrai qu'il était en péché mortel, étànt encor amoureux de madame la princeſſe de *Condé*, & qu'il n'a pas eu le tems de demander le ſacrement de pénitence ; DIEU ayant permis qu'il ait été frappé à l'oreillette gauche du cœur, & que le ſang l'ait étouffé en un inſtant ? Vous ne trouverez aſſurément aucun bon catholique qui ne vous diſe les mêmes vérités que moi.

LE PAGE.

Tais-toi, maître fou ; ſi je croyais que tes docteurs enſeignaſſent une doctrine ſi abominable, j'irais ſur le champ les brûler dans leurs loges.

MAITRE FILESAC.

Encor une fois, ne vous emportez pas, vous l'avez promis. Monſeigneur le marquis de *Conchini* qui eſt un bon catholique, ſaurait bien vous empêcher d'être aſſez ſacrilège pour maltraiter mes confrères.

LE PAGE.

Mais en conſcience, maître *Fileſac*, eſt-il bien vrai que l'on penſe ainſi dans ton parti ?

MAITRE FILESAC.

Soyez-en très ſûr ; c'eſt notre catéchiſme.

LE PAGE.

Ecoute ; il faut que je t'avoue qu'un de tes sorboniqueurs m'avait presque séduit l'an passé. Il m'avait fait espérer une pension sur un bénéfice. Puisque le roi, me disait-il, a entendu la messe en latin, vous qui n'êtes qu'un petit gentilhomme, vous pourriez bien l'entendre aussi sans déroger. DIEU a soin de ses élus, il leur donne des mitres, des crosses, & prodigieusement d'argent. Vos réformés vont à pied, & ne savent qu'écrire. Enfin, j'étais ébranlé ; mais après ce que tu viens de me dire, j'aimerais cent fois mieux me faire mahométan que d'être de ta secte.

Ce page avait tort. On ne doit point se faire mahométan parce qu'on est affligé ; mais il faut pardonner à un jeune homme sensible, & qui aimait tant *Henri IV*.

Maître *Filesac* parlait suivant sa théologie, & le petit page selon son cœur.

RELIGION.

SECTION PREMIÈRE.

LEs épicuriens qui n'avaient nulle religion, recommandaient l'éloignement des affaires publiques, l'étude & la concorde. Cette secte était une société d'amis ; car leur principal dogme était l'amitié. *Atticus*, *Lucrèce*, *Memmius* & quelques hommes de cette trempe, pouvaient vivre très honnêtement ensemble, & cela se voit dans tous les pays ; philosophez tant qu'il vous plaira entre vous. Je crois entendre des amateurs qui se donnent un concert d'une musique savante & rafinée ; mais gardez-vous d'exécuter ce concert devant le vulgaire ignorant & brutal ; il pourait vous casser vos instrumens sur vos têtes. Si vous avez une bourgade à gouverner, il faut qu'elle ait une religion.

Je ne parle point ici de la nôtre ; elle est la seule bonne, la seule nécessaire, la seule prouvée, & la seconde révélée.

Aurait-il été possible à l'esprit humain, je ne dis pas d'admettre une religion qui approchât de la nôtre, mais qui fût moins mauvaise que toutes les autres religions de l'univers enſemble ? & quelle ſerait cette religion ?

Ne ſerait-ce point celle qui nous propoſerait l'adoration de l'Etre ſuprême, unique, infini, éternel, formateur du monde, qui le meut & le vivifie, *cui nec ſimile nec ſecundum*, celle qui nous réunirait à cet Etre des êtres pour prix de nos vertus, & qui nous en ſéparerait pour le châtiment de nos crimes ?

Celle qui admettrait très peu de dogmes inventés par la démence orgueilleuſe, éternels ſujets de diſpute, & celle qui enſeignerait une morale pure, ſur laquelle on ne diſputa jamais ?

Celle qui ne ferait point conſiſter l'eſſence du culte dans des vaines cérémonies, comme de vous cracher dans la bouche, de vous ôter un bout de votre prépuce, ou de vous couper un teſticule, attendu qu'on peut remplir tous les devoirs de la ſociété avec deux teſticules, & un prépuce entier, & ſans qu'on vous crache dans la bouche ?

Celle de ſervir ſon prochain pour l'amour de DIEU au-lieu de le perſécuter, de l'égorger au nom de DIEU ; celle qui tolérerait toutes les autres, & qui méritant ainſi la bienveillance de toutes, ſerait ſeule capable de faire du genre-humain un peuple de frères ?

Celle qui aurait des cérémonies auguſtes dont le vulgaire ſerait frappé, ſans avoir des myſtères qui pouraient révolter les ſages & irriter les incrédules.

Celle qui offrirait aux hommes plus d'encouragemens aux vertus ſociales, que d'expiations pour les perverſités.

Celle qui aſſurerait à ſes miniſtres un revenu aſſez honorable pour les faire ſubſiſter avec décence, & ne leur laiſſerait jamais uſurper des dignités & un pouvoir qui pouraient en faire des tyrans. Celle qui établirait des retraites commodes pour la vieilleſſe & pour la maladie, mais jamais pour la fainéantiſe.

Une grande partie de cette religion eſt déja dans le cœur de pluſieurs princes, & elle ſera dominante dès que les articles de paix perpétuelle que l'abbé de *St. Pierre* a propoſés ſeront ſignés de tous les potentats.

SECTION SECONDE.

Je méditais cette nuit; j'étais abſorbé dans la contemplation de la nature; j'admirais l'immenſité, le cours, les rapports de ces globes infinis que le vulgaire ne ſait pas admirer.

J'admirais encor plus l'intelligence qui préſide à ces vaſtes reſſorts. Je me diſais, il faut être aveugle pour n'être pas ébloui de ce ſpectacle; il faut être ſtupide pour n'en pas reconnaître l'auteur; il faut être fou pour ne pas l'adorer. Quel tribut d'adoration dois-je lui rendre? ce tribut ne doit-il pas être le même dans toute l'étendue de l'espace, puisque c'est le même pouvoir suprême qui régne également dans cette étendue ?

Un être pensant qui habite dans une étoile de la voie lactée, ne lui doit-il pas le même hommage que l'être pensant sur ce petit globe où nous sommes ? La lumière est uniforme pour l'astre de Sirius & pour nous. La morale doit être uniforme.

Si un animal sentant & pensant dans Sirius est né d'un père & d'une mère tendre qui ayent été occupés de son bonheur, il leur doit autant d'amour & de soins que nous en devons ici à nos parens. Si quelqu'un dans la voie lactée voit un indigent estropié; s'il peut le soulager & s'il ne le fait pas, il est coupable envers tous les globes.

Le cœur a partout les mêmes devoirs, sur les marches du trône de DIEU, s'il a un trône, & au fond de l'abîme, s'il est un abîme.

J'étais plongé dans ces idées, quand un de ces génies qui remplissent les intermondes, descendit vers moi. Je reconnus cette même créature aërienne qui m'avait apparu autrefois pour m'apprendre combien les jugemens de DIEU different des nôtres, & combien une bonne action est préférable à la controverse. (Voyez l'article *Dogme.*)

Il me transporta dans un désert tout couvert d'ossemens entassés; & entre ces monceaux de morts il y avait des allées d'arbres toûjours verds, & au bout de chaque allée un grand homme d'un aſpect auguſte, qui regardait avec compaſſion ces triſtes reſtes.

Hélas! mon archange, lui dis-je, où m'avez-vous mené? à la déſolation, me répondit-il. Et qui ſont ces beaux patriarches que je vois immobiles & attendris au bout de ces allées vertes, & qui ſemblent pleurer ſur cette foule innombrable de morts? Tu le ſauras, pauvre créature humaine, me répliqua le génie des intermondes; mais auparavant il faut que tu pleures.

Il commença par le premier amas. Ceux-ci, dit-il, ſont les vingt-trois mille Juifs qui danſèrent devant un veau, avec les vingt-quatre mille qui furent tués ſur des filles Madianites. Le nombre des maſſacrés pour des délits, ou des mépriſes pareilles, ſe monte à près de trois cent mille.

Aux allées ſuivantes ſont les charniers des chrétiens égorgés les uns par les autres pour des diſputes métaphyſiques. Ils ſont diviſés en pluſieurs monceaux de quatre ſiécles chacun. Un ſeul aurait monté juſqu'au ciel; il a falu les partager.

Quoi! m'écriai-je, des frères ont traité ainſi leurs frères, & j'ai le malheur d'être né dans cette confrérie!

Voici, dit l'eſprit, les douze millions d'Américains tués dans leur patrie, parce qu'ils n'avaient pas été batisés. Eh mon DIEU ! que ne laissiez-vous ces ossemens affreux se dessécher dans l'hémisphère où leurs corps náquirent, & où ils furent livrés à tant de trépas différens ? Pourquoi réunir ici tous ces monumens abominables de la barbarie & du fanatisme ? — Pour t'instruire.

Puisque tu veux m'instruire, dis-je au génie, apprends-moi s'il y a eu d'autres peuples que les chrétiens & les Juifs à qui le zèle, & la religion malheureusement tournée en fanatisme, ayent inspiré tant de cruautés horribles. Oui, me dit-il; les mahométans se sont souillés des mêmes inhumanités, mais rarement; & lorsqu'on leur a demandé *amman*, miséricorde, & qu'on leur a offert le tribut, ils ont pardonné.

Pour les autres nations, il n'y en a aucune depuis l'existence du monde qui ait jamais fait une guerre purement de religion. Suis-moi maintenant. Je le suivis.

Un peu au delà de ces piles de morts nous trouvames d'autres piles; c'étaient des sacs d'or & d'argent, & chacune avait son étiquette. *Substance des hérétiques massacrés au dix-huitième siécle, au dix-sept, au seizième. Et ainsi en remontant : Or & argent des Américains égorgés*, &c. &c. Et toutes ces piles étaient ſurmontées de croix, de mîtres, de croſſes, de tiares enrichies de pierreries.

Quoi! mon génie, ce fut donc pour avoir ces richeſſes qu'on accumula ces morts? — Oui, mon fils.

Je verſai des larmes; & quand j'eus mérité par ma douleur qu'il me menât au bout des allées vertes, il m'y conduiſit.

Contemple, me dit-il, les héros de l'humanité qui ont été les bienfaicteurs de la terre, & qui ſe ſont tous réunis à bannir du monde autant qu'ils l'on pu, la violence & la rapine. Interroge-les.

Je courus au premier de la bande; il avait une couronne ſur la tête, & un petit encenſoir à la main; je lui demandai humblement ſon nom. Je ſuis *Numa Pompilius*, me dit-il; je ſuccédai à un brigand & j'avais des brigands à gouverner: je leur enſeignai la vertu & le culte de DIEU; ils oubliérent après moi plus d'une fois l'un & l'autre; je défendis qu'il y eût dans les temples aucun ſimulacre, parce que la Divinité qui anime la nature ne peut être repréſentée. Les Romains n'eurent ſous mon règne ni guerres ni ſéditions; & ma religion ne fit que du bien. Tous les peuples voiſins vinrent honorer mes funérailles; ce qui n'eſt arrivé qu'à moi.

Je lui baisai la main, & j'allai au second; c'était un beau vieillard d'environ cent ans, vêtu d'une robe blanche; il mettait le doigt médium sur sa bouche; & de l'autre main il jettait des fèves derrière lui. Je reconnus *Pythagore*. Il m'assura qu'il n'avait jamais eu de cuisse d'or & qu'il n'avait point été coq; mais qu'il avait gouverné les Crotoniates avec autant de justice que *Numa* gouvernait les Romains, à-peu-près de son tems; & que cette justice était la chose du monde la plus nécessaire & la plus rare. J'appris que les pythagoriciens fesaient leur examen de conscience deux fois par jour. Les honnêtes gens! & que nous sommes loin d'eux! Mais nous qui n'avons été pendant treize cent ans que des assassins, nous disons que ces sages étaient des orgueilleux.

Je ne dis mot à *Pythagore* pour lui plaire; & je passai à *Zoroastre* qui s'occupait à concentrer le feu céleste dans le foyer d'un miroir concave, au milieu d'un vestibule à cent portes qui toutes conduisent à la sagesse. Sur la principale de ces portes, je lus ces paroles qui sont le précis de toute la morale, & qui abrégent toutes les disputes des casuistes :

Les préceptes de *Zoroastre* sont appellés *portes*, & sont au nombre de cent.

DANS LE DOUTE SI UNE ACTION EST BONNE OU MAUVAISE, ABSTIEN-TOI.

Certainement, dis-je à mon génie, les barbares qui ont immolé toutes les victimes dont j'ai vu les ossemens, n'avaient pas lu ces belles paroles.

Nous vîmes ensuite les *Zaleucus*, les *Thalès*, les *Anaximandres* & tous les sages qui avaient cherché la vérité & pratiqué la vertu.

Quand nous fumes à *Socrate*, je le reconnus bien vîte à son nez épaté. Eh bien, lui dis-je, vous voilà donc au nombre des confidens du Très-Haut ! tous les habitans de l'Europe, excepté les Turcs & les Tartares de Crimée qui ne savent rien, prononcent votre nom avec respect. On le révère, on l'aime ce grand nom, au point qu'on a voulu savoir ceux de vos persécuteurs. On connait *Melitus* & *Anitus* à cause de vous, comme on connait *Ravaillac* à cause de *Henri IV.* Mais je ne connais que ce nom d'*Anitus*. Je ne sais pas précisément quel était ce scélérat par qui vous futes calomnié, & qui vint à bout de vous faire condamner à la cigue.

Je n'ai jamais pensé à cet homme depuis mon avanture, me répondit *Socrate*; mais puisque vous m'en faites souvenir, je le plains beaucoup. C'était un méchant prêtre qui fesait secrétement un commerce de cuirs, négoce réputé honteux parmi nous. Il envoya ses deux enfans dans mon école. Les autres disciples leur reprochèrent leur père le corroyeur. Ils furent obligés de sortir. Le père irrité n'eut point de cesse qu'il n'eût ameuté contre moi tous les prêtres & tous les sophistes. On persuada au conseil des cinq cent que j'étais un impie, qui ne croyait pas que la Lune, Mercure & Mars fussent des Dieux. En effet, je pensais comme à présent qu'il n'y a qu'un DIEU, maître de toute la nature. Les juges me livrèrent à l'empoisonneur de la république; il accourcit ma vie de quelques jours; je mourus tranquillement à l'âge de soixante & dix ans: & depuis ce tems-là je passe une vie heureuse avec tous ces grands-hommes que vous voyez & dont je suis le moindre.

Voyez Xenophon.

Après avoir joui quelque tems de l'entretien de *Socrate*, je m'avançai avec mon guide dans un bosquet situé au-dessus des bocages où tous ces sages de l'antiquité semblaient goûter un doux repos.

Je vis un homme d'une figure douce & simple qui me parut âgé d'environ trente-cinq ans. Il jettait de loin des regards de compassion sur ces amas d'ossemens blanchis, à travers desquels on m'avait fait passer pour arriver à la demeure des sages. Je fus étonné

[illegible]

[illegible]

[illegible]

Quand nous fûmes à Socrate, je le [illegible] bien [illegible] Eh bien [illegible] dis-je, vous voilà donc au nombre des [illegible] du Très-Haut? Tous les habitans de l'Europe, excepté les Turcs & les Tartares de Crimée qui ne savent rien, prononcent votre nom avec respect. On le révère, on l'aime ce grand nom, au point qu'on a voulu savoir ceux de vos persécuteurs. On connaît *Melitus* & *Anitus* à cause de vous, comme on connaît *Ravaillac* à cause de *Henri IV*. Mais je ne connais que ce nom d'*Anitus*. Je ne sais pas précisément quel était ce scélérat par qui vous futes calomnié, & qui vint à bout de vous faire condamner à la cigue.

Je n'ai jamais pensé à cet homme depuis mon avanture, me répondit *Socrate*; mais puisque vous m'en faites souvenir, je le plains beaucoup. C'était un méchant prêtre qui

[illegible]

Après [illegible] quelques [illegible] [illegible] tous les âges [illegible] deux repas.

Je vis un homme d'une figure douce & simple qui me parut âgé d'environ trente-cinq ans. Il jettait de loin des regards de compassion sur ces amas d'ossemens blanchis, à travers desquels on m'avait fait passer pour arriver à la demeure des sages. Je fus étonné [illegible] Est-ce aussi par des prêtres & par des juges que vous avez été assassiné si cruellement ?

Il me répondit oui avec beaucoup d'affabilité.

Et qui furent donc ces monstres ?

Ce furent des hypocrites.

Ah ! c'est tout dire ; je comprends par ce seul mot qu'ils durent vous condamner au dernier supplice. Vous leur aviez donc prouvé comme Socrate que la lune n'était pas une déesse, & que Mercure n'était pas un Dieu ?

Non, il n'était pas question de ces planètes. Mes compatriotes ne savaient point du tout ce que c'est qu'une planete ; ils étaient tous de francs ignorans. Leurs superstitions étaient toutes différentes de celles des Grecs.

Vous voulûtes donc leur enseigner une nouvelle religion ?

; je l[illegible] ... tout [illegible] ... , & [illegible]

[illegible] vous [illegible] ... car c'est la

Jugez [illegible] ... que [illegible] ... un culte [illegible] ... Je ne cess[illegible] ... que [illegible] ... rien pour ... jamais p[illegible] ... qu'à jamais ... rien [illegible] ... comme ils ... baisé [illegible] ... les plus ... , je [illegible] ... Pâque en ... tout un [illegible] ... dans des ... mes [illegible] ... à mes [illegible] ... fréquemm[illegible] ... après [illegible] ... en un mot, ... [illegible] leur [illegible] ... en camp[illegible]

[illegible] admirable [illegible] ... de [illegible]

[illegible] doute.

[illegible] vous [illegible]

[illegible] vous [illegible] ... merveille[illegible] ... con[illegible] ... contraire [illegible] ... ils m[illegible]

[illegible]

[illegible]
[illegible] des méchans.

[illegible]

C'est une erreur de [illegible] que [illegible] la paix & non le glaive; je n'[illegible]. On a [illegible] changé ce que j'avois dit sans mauvaise intention.

[illegible]

Je n'ai vu qu'avec horreur ceux qui se sont rendus coupables de tous ces meurtres.

[illegible]

[illegible] & dans la [illegible] que dans la vérité.

[illegible]

Je finis par le supplier de vouloir bien me dire à quelle religion il était. Mon guide m'a averti de n'en rien faire. Il me dit que je n'étais pas fait pour comprendre ces mystères sublimes. Je le conjurai seulement de m'apprendre en quoi consistait la vraie religion.

Ne vous l'ai-je pas déjà dit ? aimez Dieu & votre prochain comme vous-même.

Quoi ! en aimant DIEU *on pourrait manger gras le vendredi ?*

J'ai toujours mangé ce qu'on m'a donné ; car j'étais trop pauvre pour donner à dîner à personne.

En aimant DIEU, *en étant juste, ne pourrait-on pas être assez prudent pour ne point confier toutes les aventures de sa vie à un inconnu ?*

C'est ainsi que j'en ai toujours usé.

Ne pourrais-je pas en faisant du bien me dispenser d'aller en pèlerinage à S. Jacques de Compostelle ?

Je n'ai jamais été dans ce pays-là.

Faudrait-il me confiner dans une retraite avec des sots ?

Pour moi j'ai toujours fait de petits voyages de ville en ville.

RES[illegible]R[illegible]TI[illegible]

SECT[illegible]S[illegible]

[illegible]

O[illegible]

[illegible]

[illegible] Cest [illegible] aux [illegible] des [illegible]

Mais les Grecs [illegible] les Egyptiens [illegible] que [illegible] l'autre qui [illegible] la [illegible] été [illegible] mais [illegible] connoître les [illegible] pas [illegible] la [illegible] par [illegible] perdu? [illegible] la langue & les [illegible] humeurs?

Vous me direz [illegible] encor plus [illegible] de [illegible] Grecs quand [illegible] de vous [illegible] de [illegible] & [illegible] la [illegible] du [illegible] & des [illegible]

Cette objection [illegible] & je [illegible] pour une chose fort [illegible] ; [illegible] pas qu'il [illegible] les [illegible] de Mo[illegible] & ne [illegible] plusieurs fois [illegible] quoiqu'il [illegible] en regular, & que [illegible] en eût déjà [illegible] une Ecole. Vous [illegible] Ecole [illegible] la vie, Hespérie,

T [illegible]

[illegible]

[illegible]

Plusieurs [illegible] également le [illegible] dans l'Eglise. Pour le [illegible] qu'il y est [illegible] la même chose. Cela pour [illegible] ; mais [illegible] ne sais qu'il [illegible].

[illegible]

Les cœurs [illegible] les plus purs
Sont [illegible] Dieu [illegible] les souillures.
Il faut [illegible]
[illegible]
Chaque [illegible]
Et des [illegible]
[illegible]

Voilà [illegible] ment [illegible] une in[illegible] pour de [illegible]

www.ingramcontent.com/pod-product-compliance
Ingram Content Group UK Ltd.
Pitfield, Milton Keynes, MK11 3LW, UK
UKHW012017240726
13965UKWH00002B/416

9 782012 188990